essentials

Essentials liefern aktuelles Wissen in konzentrierter Form. Die Essenz dessen, worauf es als „State-of-the-Art" in der gegenwärtigen Fachdiskussion oder in der Praxis ankommt. *Essentials* informieren schnell, unkompliziert und verständlich

- als Einführung in ein aktuelles Thema aus Ihrem Fachgebiet
- als Einstieg in ein für Sie noch unbekanntes Themenfeld
- als Einblick, um zum Thema mitreden zu können

Die Bücher in elektronischer und gedruckter Form bringen das Fachwissen von Springerautor*innen kompakt zur Darstellung. Sie sind besonders für die Nutzung als eBook auf Tablet-PCs, eBook-Readern und Smartphones geeignet. *Essentials* sind Wissensbausteine aus den Wirtschafts-, Sozial- und Geisteswissenschaften, aus Technik und Naturwissenschaften sowie aus Medizin, Psychologie und Gesundheitsberufen. Von renommierten Autor*innen aller Springer-Verlagsmarken.

Felix Dühr · Michael Broens · Mirko Bendig

Potenziale künstlicher Intelligenz im Unternehmenskontext

Analyse der Anwendung in ausgewählten Branchen

Felix Dühr
Universität Bamberg
Bamberg, Deutschland

Michael Broens
IU Internationale Hochschule
Lauda-Königshofen
Deutschland

Mirko Bendig
IU Internationale Hochschule
Hamburg, Deutschland

ISSN 2197-6708   ISSN 2197-6716 (electronic)
essentials
ISBN 978-3-658-48369-2   ISBN 978-3-658-48370-8 (eBook)
https://doi.org/10.1007/978-3-658-48370-8

Die Deutsche Nationalbibliothek verzeichnet diese Publikation in der Deutschen Nationalbibliografie; detaillierte bibliografische Daten sind im Internet über https://portal.dnb.de abrufbar.

© Der/die Herausgeber bzw. der/die Autor(en), exklusiv lizenziert an Springer Fachmedien Wiesbaden GmbH, ein Teil von Springer Nature 2025

Das Werk einschließlich aller seiner Teile ist urheberrechtlich geschützt. Jede Verwertung, die nicht ausdrücklich vom Urheberrechtsgesetz zugelassen ist, bedarf der vorherigen Zustimmung des Verlags. Das gilt insbesondere für Vervielfältigungen, Bearbeitungen, Übersetzungen, Mikroverfilmungen und die Einspeicherung und Verarbeitung in elektronischen Systemen.
Die Wiedergabe von allgemein beschreibenden Bezeichnungen, Marken, Unternehmensnamen etc. in diesem Werk bedeutet nicht, dass diese frei durch jede Person benutzt werden dürfen. Die Berechtigung zur Benutzung unterliegt, auch ohne gesonderten Hinweis hierzu, den Regeln des Markenrechts. Die Rechte des/der jeweiligen Zeicheninhaber*in sind zu beachten.
Der Verlag, die Autor*innen und die Herausgeber*innen gehen davon aus, dass die Angaben und Informationen in diesem Werk zum Zeitpunkt der Veröffentlichung vollständig und korrekt sind. Weder der Verlag noch die Autor*innen oder die Herausgeber*innen übernehmen, ausdrücklich oder implizit, Gewähr für den Inhalt des Werkes, etwaige Fehler oder Äußerungen. Der Verlag bleibt im Hinblick auf geografische Zuordnungen und Gebietsbezeichnungen in veröffentlichten Karten und Institutionsadressen neutral.

Springer Gabler ist ein Imprint der eingetragenen Gesellschaft Springer Fachmedien Wiesbaden GmbH und ist ein Teil von Springer Nature.
Die Anschrift der Gesellschaft ist: Abraham-Lincoln-Str. 46, 65189 Wiesbaden, Germany

Wenn Sie dieses Produkt entsorgen, geben Sie das Papier bitte zum Recycling.

Was Sie in diesem *essential* finden können

- Überblick über KI-Anwendungsmöglichkeiten und -potenziale in Unternehmensfunktionen und Branchen
- Analyse des KI-Einsatzes marktführender Unternehmen in den für KI-Technologien potenzialreichsten Branchen
- Handlungsempfehlungen für verschiedene Unternehmensfunktionen hinsichtlich des Einsatzes von KI

Gender Disclaimer

Zur besseren Lesbarkeit wird in diesem Essential das generische Maskulinum verwendet. Wir möchten jedoch hervorheben, dass grundsätzlich alle, also Frauen und Männer, Inter- und Trans-Personen sowie auch jene, die sich keinem Geschlecht zuordnen wollen oder können, gleich gemeint sind.

Inhaltsverzeichnis

1 **Einleitung**... 1
   1.1 Einführung und Relevanz von KI-Technologien im Unternehmenskontext 1
   1.2 Problemstellung, Zielsetzung und Forschungsfragen 2

2 **Theoretische Fundierung** 3
   2.1 Künstliche Intelligenz 3
   2.2 KI-Technologien in der Wirtschaft........................ 6
       2.2.1 Potenziale von KI in Unternehmensfunktionen 6
       2.2.2 Potenziale von KI in Branchen (und Branchenbesonderheiten)..................... 8

3 **Forschungsmethodik**..................................... 11
   3.1 Forschungsgegenstand.................................. 11
   3.2 Auswahl der zu untersuchenden Branchen und Unternehmen 11
   3.3 Festlegung des Materials und Datenerhebung................ 12
   3.4 Datenauswertung und Analysetechnik...................... 14
   3.5 Methodenkritik: Gütekriterien und Limitationen............... 14

4 **Forschungsergebnisse**.................................... 17
   4.1 Branchenspezifische Forschungsergebnisse und Interpretation.... 17
       4.1.1 Technologiebranche – Forschungsergebnisse und Interpretation.................................. 17
       4.1.2 Bankenbranche – Forschungsergebnisse und Interpretation.................................. 20

		4.1.3	Pharmabranche – Forschungsergebnisse und Interpretation.	23

        4.1.3   Pharmabranche – Forschungsergebnisse und Interpretation... 23
        4.1.4   Telekommunikationsbranche – Forschungsergebnisse und Interpretation.............................. 26
   4.2   Branchenübergreifende Forschungsergebnisse und Interpretation... 29
        4.2.1   Marketing & Vertrieb............................. 30
        4.2.2   Softwareentwicklung............................. 31
        4.2.3   Supply Chain & Operations....................... 31
        4.2.4   Kundenoperationen............................... 32
        4.2.5   Produktforschung & -entwicklung.................. 33
   4.3   Branchenübergreifende Interpretation – Gesamtüberblick....... 33
   4.4   Handlungsempfehlungen................................ 35

5 Fazit 39

Was Sie aus diesem *essential* mitnehmen können 43

Literatur... 45

Einleitung 1

1.1 Einführung und Relevanz von KI-Technologien im Unternehmenskontext

In dem Technologiegebiet der künstlichen Intelligenz (kurz KI) konnten in den vergangenen Jahren weitreichende Fortschritte erzielt werden, sodass KI erheblich an Aufmerksamkeit und Relevanz gewonnen hat: Nach der Veröffentlichung der generativen Transformer-basierten KI „ChatGPT" von dem Unternehmen OpenAI im November 2022 hat sich das monatliche Suchvolumen nach dem Stichwort „AI" (Artificial Intelligence, engl. für künstliche Intelligenz) innerhalb von vier Monaten von 7,26 Mio. Suchanfragen auf 30,45 Mio. Suchanfragen mehr als vervierfacht (Bianchi, 2023). Die KI-Thematik ist damit in weiten Teilen der Gesellschaft angekommen und nimmt einen großen Einfluss auf die Gesellschaft und Wirtschaft (Statista Research Department, 2024).

Während Routineaufgaben von Maschinen bereits seit einigen Jahren übernommen und automatisiert werden können, bieten (generative) KI-Technologien die Möglichkeit, auch Nicht-Routineaufgaben sowie wissensbezogene Aufgaben zu erledigen (Kauffeld, 2019, S. 36–37 u. S. 40). Der Einsatz von KI-Technologien kann dadurch weitere Prozesse in Unternehmen beeinflussen, optimieren und automatisieren (Pfau & Rimpp, 2021, S. 122). Wie relevant die Anwendung von KI ist, zeigt die IBM CEO Studie (2023a): 75 % der befragten CEOs sagen aus, dass die Unternehmen mit der fortschrittlichsten, generativen KI am Markt gewinnen, 43 % der Unternehmen nutzen bereits generative KI zur Unterstützung der strategischen Entscheidungsfindung, 36 % für operationale Entscheidungen und 50 % zur Integration in Produkten und Dienstleistungen (S. 13).

1.2 Problemstellung, Zielsetzung und Forschungsfragen

Es werden hierbei nicht nur Chancen und Potenziale von KI-Technologien sichtbar, sondern auch die Relevanz und Notwendigkeit zur Verwendung der KI-Technologien in Unternehmen. Da jedoch die Verwendung der Technologien häufig mit großen Kosten und hohem Aufwand verbunden ist, benötigen die Unternehmen gezielte Vorgehensweisen und spezifische Anwendungsmöglichkeiten, um die Potenziale abzuschöpfen (JPMorgan Chase, 2023). Diese Anwendungsmöglichkeiten müssen jedoch erst ermittelt werden.

Ziel der Arbeit ist es, herauszustellen, welche generellen und branchenspezifischen Anwendungsmöglichkeiten und Ansätze Unternehmen bei der Verwendung von KI-Technologien verfolgen können, um ihre Wettbewerbsfähigkeit zu sichern bzw. zu steigern.

Um diesem Ziel nachzukommen, werden folgende Forschungsfragen im Rahmen dieser Arbeit bearbeitet:

1. Welche Anwendungsmöglichkeiten von KI-Technologien existieren für Unternehmen?
2. Welche Anwendungsmöglichkeiten von KI-Technologien werden bereits von (marktführenden) Unternehmen in den für KI-Technologien potenzialreichsten Branchen genutzt?

Theoretische Fundierung 2

2.1 Künstliche Intelligenz

Die Thematik „Künstliche Intelligenz" ist in den letzten Jahren vor allem durch generative Transformer-Technologien wie ChatGPT bekannt geworden (Bianchi, 2023). Innerhalb von wenigen Monaten sind ähnliche Anwendungen und KI-Tools weiterer Anbieter, wie z. B. Bard bzw. Gemini von Google/Alphabet, Claude von Anthropic oder Llama 3 von Meta Platforms, hinzugekommen. Diese Technologien lassen sich als textbasierte Chatbots beschreiben, mit denen ein Nutzer über textbasierte Nachrichten kommunizieren kann. Diese Art an KI-Technologien stellt jedoch nur ein Teilgebiet von KI dar: KI beschäftigt sich mit der Schaffung von Systemen und Technologien, die es Computern und Maschinen ermöglichen, Aufgaben zu lösen, die ansonsten menschliche Intelligenz erfordern (IBM, 2023b). Der Begriff „KI" bezieht sich damit nicht auf eine einzelne Technologie, sondern beschreibt ein Gebiet mit einer Vielzahl an Technologien, die miteinander verknüpft sind und zusammenwirken, um diese Art der Problemlösung zu ermöglichen. Im Folgenden wird ein Überblick über die wichtigsten KI-Technologien gegeben.

KI-Technologien können grundsätzlich unterteilt werden in symbolische KI („symbolic AI") und neuronale KI („neural AI") (Pfau & Rimpp, 2021, S. 123). Bei der symbolischen KI handelt es sich um ein Programm, welches auf Basis von Symbolen agiert und mithilfe von Regeln Operationen und Rechenprozesse durchführt (Lee et al., 2019, S. 2–3). Jedoch müssen bei der symbolischen KI stets weitere Regeln programmiert werden, damit das Programm neue Funktionen ausführen kann, sodass der Aufwand des Programmierens der symbolischen KIs zunehmend komplexer und teurer wird. Die symbolischen KIs können aufgrund dieser Einschränkung keine vollständige künstliche Intelligenz bilden, aber aufgrund der leichten Bedienbarkeit zur Unterstützung in wiederkehrenden Aufgaben genutzt werden.

Anstelle des regel-basierten Denkens benutzen neuronale KIs das Prinzip des Lernens: Während der Mensch durch getätigte Beobachtungen lernen kann, können auch Computer bzw. Programme, sogenannte Agenten, mithilfe von Lernalgorithmen und Trainingsmethoden lernen (Russell et al., 2022, S. 669–672). Der Lernprozess des Computers wird maschinelles Lernen genannt und bildet das Fundament der neuronalen KI. Im Vergleich zu den symbolischen KIs bietet das maschinelle Lernen damit essenzielle Vorteile: Die neuronalen KIs können Probleme lösen und Entscheidungen für Situationen treffen, welche nicht vorprogrammiert bzw. nicht vorprogrammierbar sind. Dies ist relevant, da die Programmierungsarbeiten zunehmend komplexer werden würden und Programmierer jede mögliche Situation identifizieren und umsetzen bzw. programmieren müssten. Das maschinelle Lernen ist damit das Fundament für die künstliche Intelligenz, um eigene, nicht vorprogrammierte Lösungen zu entwickeln und neue Inhalte zu erzeugen.

In der Realität sind Informationen oft begrenzt und mit Unsicherheiten verbunden. Diese Unsicherheiten müssen bei der Entwicklung von künstlicher Intelligenz bzw. für das maschinelle Lernen beachtet werden, da sie dazu führen, dass Aufgaben aus der Perspektive der KI nicht lösbar sind, weil es keine eindeutige Lösung gibt (Russell et al., 2022, S. 403 u. 430–431). Damit der Agent jedoch nicht nur Entscheidungen treffen kann und Lösungen für Situationen findet, die für ihn lösbar sind, sondern auch Situationen verarbeiten kann, die eine gewisse Unsicherheit mit sich bringen, sind probabilistische Modelle essenziell: Durch probabilistische Modelle kann der Agent Schlussfolgerungen zu Situationen mit Unsicherheiten ziehen, wobei er sich an Wahrscheinlichkeits- und Entscheidungstheorien bedient.

Für das maschinelle Lernen ist das Verständnis und die Verarbeitung natürlicher Sprache durch Computer (Natural Language Processing, kurz NLP) von besonderer Relevanz: Die natürliche Sprache ist das Hauptmedium der Menschen zur Vermittlung von Wissen unterschiedlichster Disziplinen, so wird unter anderem kulturelles, rechtliches, wissenschaftliches und technologisches Wissen auf diese Art weitergegeben (Russell et al., 2022, S. 874). Durch NLP kann ein Computer mit Menschen kommunizieren, von dem in natürlicher Sprache festgehaltenen Wissen der Menschen lernen, das bisherige wissenschaftliche Verständnis mithilfe von Lerntechniken unterstützen und eine Vielzahl an (wissensbezogenen) Aufgaben erledigen. Durch das Zerlegen eines Textobjekts in einzelne Wörter (Parsing) und einer semantischen Analyse können Computer bereits einige Wörter und Sätze auswerten, jedoch nimmt die Komplexität der natürlichen Sprache durch eine quasi unbegrenzte Anzahl an Phänomenen in realen Texten in erheblichem Maße zu und die Verarbeitung natürlicher Sprache durch Parsing mit einer semantischen Analyse stößt an ihre Grenze. Um dieses Komplexitätsproblem zu lösen, wird Deep Learning im NLP verwendet. Dabei werden Wörter nicht mehr als atomare Werte dargestellt, sondern als Punkt in einem hochdimensionalen Raum, wodurch die Verarbeitung der natürlichen Sprache bei ausgeprägter Komplexität durch den Computer erhöht werden kann und bessere Ergebnisse erzielt werden können (Russell et al., 2022, S. 907).

Doch nicht nur durch niedergeschriebenes Wissen und die Verarbeitung natürlicher Sprache können Informationen gewonnen werden. Auch die sensuelle Wahrnehmung trägt zur Erfassung von Informationen bei. Dies ist relevant, wenn die Umgebung die Aufgabe des Agenten beeinflusst: Durch Computervision als visuelle Wahrnehmungsart kann ein Agent Objekte und Positionen identifizieren, Gesichter und Emotionen erkennen, Handlungen und Aktivitäten sowie Bewegungsabläufe auswerten und Distanzen messen (Voulodimos et al., 2018, S. 7–9).

Die genannten Technologien bilden das Fundament für weitere KI-Technologien, da sie KI-Systeme entwickeln, trainieren und für die Umsetzung unterschiedlicher Funktionen essenziell sind. Ein solches Teilgebiet von KI ist Robotics, welches maßgeblich auf die bisherigen KI-Technologien angewiesen ist und von deren Entwicklung profitiert: Robotics befasst sich mit der Vernetzung und Zusammenarbeit von Sensoren, Prozessoren und Effektoren bzw. Manipulatoren (Russell et al., 2022, S. 932). Die Besonderheit von Robotics ist, dass es sich um physische Agenten handelt, welche mit einer spezifischen, aufgabenindividuellen Kombination an Sensoren, welche Informationen aus der Umwelt des Agenten aufnehmen können, und Effektoren, durch die sich ein Agent auf die Umwelt auswirken kann, ausgestattet werden (Russell et al., 2022, S. 932).

Daneben hat sich in den letzten Jahren das Technologiefeld der generativen KIs gebildet, also Systeme und Agenten, die (neue) Inhalte generieren bzw. erschaffen. Zu den relevantesten Technologien für generative KI zählen Variational Autoencoders (VAEs), Generative Adversarial Networks (GANs) und Transformer-basierte Modelle. Transformer-basierte Modelle, wie z. B. ChatGPT, tragen zum Fortschritt des NLP bei, indem sie über einen Selbstaufmerksamkeitsmechanismus verfügen, um sequenzielle Daten auszuwerten und für die KI nutzbar zu machen (Russell et al., 2022, S. 919–922). GANs bzw. eine Kombination der Technologien ermöglichen die Bild-, Video-, Text- und Musikgenerierung. VAEs tragen insbesondere bei der KI-gestützten Erfassung und der Modellierung von nicht-sequenziellen Daten bei, bei sequenziellen Daten wird hingegen der Selbstaufmerksamkeitsmechanismus eines Transformer-basierten Modells benötigt, um effektiv mit den Besonderheiten von sequenziellen Daten arbeiten zu können (Chung et al., 2015, S. 3–4).

2.2 KI-Technologien in der Wirtschaft

Durch die neuen KI-Technologien ist es möglich, Nicht-Routineaufgaben bzw. Aufgaben, die bisher menschliche Intelligenz benötigt haben, zu automatisieren (Kauffeld, 2019, S. 36–37 u. 40). Aufgrund der Funktionsweise von KI bzw. der Verbreitung von Informations- und Kommunikationstechnologien weist KI ebenso große Anwendungsgebiete auf und wird bereits in unterschiedlichen Unternehmenskontexten und Branchen experimentell verwendet (Armour & Sako, 2020, S. 27–28).

Unternehmen sind bei dem Einsatz von KI-Technologien vor allem daran interessiert, große Potenziale abzuschöpfen, um positive Auswirkungen auf die Wertschöpfung zu nutzen und zusätzliche Gewinne zu generieren. Aufgrund der vielen Anwendungsmöglichkeiten von KI-Technologien ist es wichtig, die Vielfalt und Reichweite der Anwendungsmöglichkeiten sowie das Potenzial und die Auswirkungen dieser auf die Wertschöpfung zu verstehen (Pfau & Rimpp, 2021, S. 137). Da die Potenziale der Anwendung von KI-Technologien zwischen unterschiedlichen Branchen und Unternehmensfunktionen stark variiert, werden im Folgenden Anwendungsgebiete von KI-Technologien in Unternehmensfunktionen und Branchen beleuchtet.

2.2.1 Potenziale von KI in Unternehmensfunktionen

Um Potenziale in unterschiedlichen Anwendungsgebieten von KI-Technologien in Unternehmen zu ermitteln, ist es notwendig, eine Unterteilung von möglichen Anwendungsgebieten vorzunehmen. Eine anwendungsorientierte Unterteilung von KI-Anwendungen (in Unternehmen) ist die Unterteilung in die wesentlichen Unternehmensfunktionen (Chui et al., 2023). Im Folgenden sollen die laut Literatur fünf potenzialreichsten Unternehmensfunktionen, die in Tab. 2.1 zunächst überblickshaft dargestellt sind, absteigend nach potenzieller Wirkung von KI auf die Produktivität vorgestellt werden.

Im Marketing & Vertrieb lassen sich Anwendungsoptionen von KI vor allem in der datengetriebenen Strategieentwicklung auffinden: Durch KI können Daten unstrukturierter Datenquellen gesammelt und ausgewertet werden, um Trends

Tab. 2.1 Potenzialreiche Unternehmensfunktionen in Bezug auf KI. (Quelle: Daten aus Chui et al., 2023, S. 15–22)

	Marketing & Vertrieb	Softwareentwicklung	Supply Chain & Operations	Kundenoperationen	Produktforschung & -entwicklung
Wertsteigerungspotenzial	$ 760 Mrd. – $ 1,2 Bio.	$ 580 Mrd. – $ 1,2 Bio.	$ 290 Mrd. – $ 550 Mrd.	$ 340 Mrd. – $ 470 Mrd.	$ 230 Mrd. – $ 420 Mrd.
Anteil Produktivitätsbeitrag an Funktionskosten	5–15 %	20–45 %	*keine Daten vorliegend	30–45 %	10–15 %

und Kundenerwartungen zu analysieren und darauf basierend Kommunikationsstrategien auszuarbeiten sowie Marketinginhalte zu generieren (Chui et al., 2023, S. 16). Besonders in den sozialen Medien sind Informationen zu Kunden, Produkten und Trends vorhanden, welche auf Interaktionen und natürlicher Sprache basieren. Dabei können KIs mithilfe von NLP die Daten auswerten, Erkenntnisse generieren und Lösungen entwickeln (Ma & Sun, 2020, S. 490). Dies umfasst sowohl die auf den Kunden zugeschnittene Kommunikation bei Werbekampagnen als auch die personalisierte, KI-gestützte Ansprache, um Konversionsraten zu steigern und Kunden gezielt zu binden (Ikumoro & Jawad, 2019, S. 216). Darüber hinaus können Unternehmen den Kunden durch KI zusätzliche Informationen sowie Vergleiche zu Produkten bereitstellen und dynamische Produktvorschläge generieren (Chui et al., 2023, S. 16). Des Weiteren können durch KI-gestütztes Pricing zusätzliche Verkäufe generiert werden und eine höhere Kundenzufriedenheit erreicht werden (Dash et al., 2019, S. 46–47).

In der Softwareentwicklung kann KI unter anderem in Funktionen wie die Planung und Systemgestaltung von Software basierend auf Nutzerdaten, in KI-gestützten Coding-Prozessen sowie zum Testen von Software bzw. Systemen eingesetzt werden (Chui et al., 2023, S. 20–21). KI unterstützt des Weiteren das Projektmanagement von Softwareentwicklungs-Projekten: Durch KI können Planung sowie Reporting und Monitoring von Projekten automatisiert werden, wodurch Fehler in der Planung und Durchführung vermieden werden können (Crawford et al., 2023, S. 6).

Auch im Supply Chain & Operations gibt es eine Vielzahl an Anwendungsmöglichkeiten für KI-Technologien. So kann KI genutzt werden, um ein Supply Chain-Netzwerk zu entwickeln und zu optimieren. Dabei können aufgrund von Daten die optimalen Lieferanten für unterschiedliche Konditionen mithilfe von KI bestimmt werden, wobei sowohl quantitative als auch qualitative Entscheidungsfaktoren durch die KI beachtet werden können (Sharma et al., 2021, S. 7535–7536). KI ermöglicht ebenso eine optimierte Inventar- sowie Nachfrageplanung. Unternehmen können dadurch Lagerbestände optimieren und Produkte proaktiv herstellen, sodass der Produktfluss auch bei erhöhter Nachfrage aufrechterhalten werden kann und Erlöse gesteigert werden können bei gleichzeitiger Reduzierung von Lagerbestandsrisiken (Sharma et al., 2021, S. 7537–7538). Des Weiteren kann der Einsatz von KI zur Optimierung der Koordination von Logistik, Distribution und Transport beitragen (Shekhar et al., 2023, S. 4183). Es können komplexe Pläne sowie Backup-Pläne mit der Beachtung einer Vielzahl an Zielen, Restriktionen und weiteren Faktoren erstellt werden und Routen durch die Erstellung von Aufgabennetzwerken optimiert werden. Besonders in Bezug auf Warenlagerkapazitäten und produktspezifischer Nachfrage kann so die Logistik und Distribution durch KI optimiert werden.

Das Potenzial von KI in den Kundenoperationen ergibt sich nach Chui et al. (2023) durch die Automatisierung von Kundeninteraktionen mit dem Kundenservice sowie durch die Unterstützung von Mitarbeitenden im Kundenservice, der Kundenbetreuung oder dem Kundendienst bei Kundeninteraktion durch Echtzeit-Unterstützung (S. 14). Kundengespräche sowie die Leistung der Mitarbeitenden können ebenfalls durch KI ausgewertet und eine individuelle KI-gestützte Weiterbildung durchgeführt werden. Des Weiteren kann die KI die Mitarbeitenden des Kundenservice um virtuelle Assistenten ergänzen, welche eigenständig Anfragen übernehmen und ausführen können (Kraus et al., 2023, S. 15.393; McClure et al., 2024, S. 122). Die virtuellen Assistenten können Anfragen schneller lösen und sind 24 h am Tag erreichbar (Dash et al., 2019, S. 47).

In der Produktforschung & -entwicklung kann KI vor allem bei der frühen Forschungsanalyse helfen, virtuell Designs generieren und Simulationen durchführen sowie physische Tests zur Forschung vorbereiten (Chui et al., 2023, S. 22).

2.2.2 Potenziale von KI in Branchen (und Branchenbesonderheiten)

Unterschiede hinsichtlich der Potenziale von KI-Technologien ergeben sich auch durch die Besonderheiten, Probleme und Herausforderungen von Branchen. Im Folgenden werden die für KI-Technologien potenzialreichsten Branchen (Chui

2.2 KI-Technologien in der Wirtschaft

et al., 2023, S. 25) in Bezug auf Besonderheiten, Probleme und potenzielle Anwendungsgebiete von KI beleuchtet.

Im Mittelpunkt der Technologiebranche steht die Entwicklung von unterschiedlichen, technologieorientierten Lösungen für Unternehmen und Verbraucher. Dazu entwickeln und produzieren die Technologieunternehmen Software- sowie Hardware-Technologien (MSCI, 2024, S. 39). KI gehört als Technologiegebiet zum Kern der Aktivitäten der Technologiebranche, wobei nicht nur entsprechende Software notwendig ist, sondern auch Hardware-Komponenten, die für die Nutzung von KI geeignet bzw. optimiert sind. In der Technologiebranche wird damit der potenzielle Schwerpunkt von KI-Anwendungen in den Unternehmensfunktionen Softwareentwicklung sowie Marketing & Vertrieb geschätzt (Chui et al., 2023, S. 25).

Die Bankenbranche beschäftigt sich mit konventionellen Banking-Operationen sowie mit diversen Finanzdienstleistungen (MSCI, 2024, S. 36). Technologien spielen dabei für Banken eine besondere Rolle: In der Vergangenheit konnten sich Banken durch technische Durchbrüche weiterentwickeln und Innovationen umsetzen. So existiert mit FinTech ein eigenes Technologiegebiet, welches sich mit der Bereitstellung von effizienten, transparenten und nutzerfreundlichen Services zu Finanzdienstleistungen beschäftigt (Midhundev et al., 2023, S. 125). Nach Schätzungen liegt der größte Impact von KI in der Bankenbranche auf die Unternehmensfunktionen Softwareentwicklung sowie Kundenoperationen (Chui et al., 2023, S. 25).

In der Pharmabranche befassen sich Unternehmen mit der Erforschung, Entwicklung und Herstellung von Pharmazeutika bzw. Arzneimitteln (MSCI, 2024, S. 35). Das Kerngeschäft der Pharmabranche liegt in der (Weiter-)Entwicklung von Arzneimitteln, um mehr Krankheiten mit besseren Arzneimitteln als Wettbewerber behandeln zu können. Die primären Probleme in der traditionellen Forschung und Entwicklung von neuen Arzneimitteln sind Zeitaufwand und Produktionskosten. Durch bisherige Technologien konnten diese Probleme zunehmend weiter reduziert werden (Gupta et al., 2021, S. 1315). Die Potenziale von KI-Anwendungen in der Pharmabranche werden damit ebenfalls in der Produktforschung & -entwicklung bzw. der Arzneimittelforschung & -entwicklung erwartet (Chui et al., 2023, S. 25). Des Weiteren existieren auch große Potenziale im Marketing & Vertrieb.

Die Telekommunikationsbranche umfasst Aktivitäten zur Bereitstellung und Gewährleistung von Telekommunikation bzw. der Transmission von unterschiedlichen Inhalten, ohne an deren Erzeugung beteiligt zu sein, sowie damit verbundene Serviceaktivitäten wie die Übertragung von Daten bzw. Text-, Sound- oder Videodateien (United Nations, 2008, S. 211). Während die Bereitstellung und Gewährleistung von „Netz" die Grundlage für die Telekommunikationsbranche bildet, sind vor allem Serviceleistungen und kundenorientierte Aktivitäten von besonderer Bedeutung: In der Telekommunikationsbranche existiert ein intensiver Wettbewerb, um verfügbare Kunden zu gewinnen sowie die Kunden anderer Telekommunikationsunternehmen abzuwerben und als zahlende Leistungsbezieher für das eigene Unternehmen anzuwerben. Um dies zu erreichen, müssen die Telekommunikationsunternehmen Ressourcen und Services anbieten, um den Kunden eine hochwertige Leistung bereitzustellen und Kundenzufriedenheit zu erreichen (Srividya & Akila, 2023, S. 1 u. 5–6). Der Impact durch KI in der Telekommunikationsbranche wird damit in den Kundenoperationen sowie im Marketing & Vertrieb erwartet (Chui et al., 2023, S. 25).

Forschungsmethodik 3

3.1 Forschungsgegenstand

Da die Anwendung und Entwicklung von KI-Technologien in Unternehmen mit großen Kosten verbunden sind und eine Vielzahl an potenziellen Anwendungsmöglichkeiten von KI-Technologien existieren, ist es für Unternehmen relevant, potenzialreiche Maßnahmen zu identifizieren und umzusetzen, um das Potenzial möglichst effizient abzuschöpfen. Ziel ist es daher, unterschiedliche Anwendungsmöglichkeiten und Potenziale von KI zu ermitteln, um die Potenziale für Unternehmen durch die Anwendung von KI herauszustellen. Durch die Untersuchung von Unternehmen in unterschiedlichen Branchen werden Muster und typische Anwendungsweisen von KI identifiziert, wodurch die Ableitung von sowohl branchenspezifischen als auch allgemeinen, branchenübergreifenden Ansätzen bzw. Handlungsempfehlungen möglich wird.

Um dieses Ziel zu erreichen, wird im Rahmen der Untersuchung eine qualitative Inhaltsanalyse als eine Form der typisierenden Strukturierung durchgeführt (Mayring, 2022, S. 96 u. 105).

3.2 Auswahl der zu untersuchenden Branchen und Unternehmen

Um Aussagen über die Verwendung von KI-Technologien in Unternehmen treffen zu können, ist es notwendig, sowohl branchenübergreifende als auch branchenspezifische Anwendungsmöglichkeiten und Potenziale in Unternehmen herauszustellen und voneinander abzugrenzen. Es werden die potenzialreichsten Branchen untersucht, da diese aufgrund ihrer hohen Notwendigkeit zur Anwendung von KI-Technologien als Vorreiter herangezogen werden können. Die potenzialreichsten Branchen konnten in Abschn. 2.2.2 bereits herausgestellt werden (Chui et al., 2023, S. 25): Technologie-, Banken-, Pharma-, und Telekommunikationsbranche.

Innerhalb dieser Branchen werden weltweit Unternehmen ausgewählt, die in der Untersuchung betrachtet werden und die Potenziale der Branche abbilden. Da die Anwendung der neuen KI-Technologien in Unternehmen zumeist noch unerprobt ist und das Experimentieren häufig mit hohen Kosten verbunden ist, sollen Unternehmen mit einer hohen Marktkapitalisierung betrachtet werden, da diese eher das notwendige Budget für das Experimentieren und Anwenden von KI-Technologien aufweisen und häufig als Vorreiter oder Inspiration für andere Wettbewerber gesehen werden (Gambardella & McGahan, 2010, S. 262). Die Betrachtung fokussiert sich daher auf die sechs hinsichtlich der Marktkapitalisierung führenden Unternehmen (Stand: 30.06.2024) der ausgewählten Branchen, die zusammen einen Anteil von durchschnittlich 33 % an der Marktkapitalisierung der Branche darstellen. Die ausgewählten Unternehmen und ihre Marktkapitalisierung werden in Tab. 3.1 dargestellt.

3.3 Festlegung des Materials und Datenerhebung

Um Informationen über die Anwendung von KI-Technologien in Unternehmen zu erhalten, werden von den Unternehmen öffentlich bereitgestellte Datenquellen untersucht. Zum einen werden dafür die Geschäftsberichte der letzten fünf Jahre (2019–2023) der genannten Unternehmen genutzt. Die Geschäftsberichte werden jedoch nur jährlich veröffentlicht, sodass sie nicht alle relevanten Informationen zu eingesetzten KI-Technologien aufgrund der dynamischen Entwicklung von KI enthalten können. Um weitere, aktuellere Daten und Ereignisse insbesondere vor dem Hintergrund der dynamischen Entwicklung von KI zu erfassen, werden neben den Geschäftsberichten die Webseiten der Unternehmen herangezogen: Auf den Unternehmenswebseiten werden regelmäßig Artikel, Blogs und Beiträge zu künstliche Intelligenz, aktuellen KI-Projekten, KI-Initiativen und Partnerschaften veröffentlicht. In diesen Beiträgen steht der Einsatz und Potenziale von KI im Unternehmen im Mittelpunkt, sodass sich die entsprechenden Anwendungsmöglichkeiten entnehmen lassen. Das Material wird somit grundsätzlich von den Unternehmen selbst produziert sowie veröffentlicht und liegt zumeist in Textform vor.

Das festgelegte Material wird im Rahmen der qualitativen Inhaltsanalyse auf unterschiedliche Aspekte untersucht. Hierzu ist die Formulierung von Kategorien

Tab. 3.1 Ausgewählte Unternehmen in den potenzialreichsten Branchen

Branche/Unternehmen	Marktkapitalisierung
Technologiebranche (Companies Market Cap, 2024c)	
Microsoft Corporation	$ 3,4 Bio.
Apple Inc	$ 3,3 Bio.
NVIDIA Corporation	$ 3,0 Bio.
Alphabet Inc	$ 2,3 Bio.
Amazon.com, Inc	$ 2,1 Bio.
Meta Platforms, Inc	$ 1,3 Bio.
Bankenbranche (Companies Market Cap, 2024a)	
JPMorgan Chase & Co	$ 572,0 Mrd.
Bank of America Corporation	$ 307,0 Mrd.
Industrial and Commercial Bank of China Limited	$ 266,3 Mrd.
Agricultural Bank of China (Rechtsform: 中央管理企业)	$ 205,0 Mrd.
Wells Fargo Corporation	$ 200,2 Mrd.
China Construction Bank (Rechtsform: 中央管理企业)	$ 186,0 Mrd.
Pharmabranche (Companies Market Cap, 2024b)	
Eli Lilly & Co	$ 818,5 Mrd.
Novo Nordisk A/S	$ 643,5 Mrd.
Johnson & Johnson, Inc	$ 350,9 Mrd.
Merck KGaA	$ 328,8 Mrd.
AbbVie Inc	$ 298,4 Mrd.
AstraZeneca PLC	$ 246,9 Mrd.
Telekommunikationsbranche (Companies Market Cap, 2024d)	
China Mobile Limited	$ 215,3 Mrd.
T-Mobile US Inc	$ 208,5 Mrd.
Verizon Communications Inc	$ 171,8 Mrd.
Comcast Corporation	$ 150,2 Mrd.
AT&T Inc	$ 134,4 Mrd.
Deutsche Telekom AG	$ 124,8 Mrd.

notwendig (Mayring, 2022, S. 98). Um Anwendungsmöglichkeiten und Potenziale von KI-Technologien in Unternehmen zu identifizieren, werden Ansätze der KI-Technologien in den potenzialreichen Unternehmensfunktionen beleuchtet. Es wird sich hierbei auf die fünf potenzialreichsten Funktionen beschränkt, um die Extrahierung von ausreichend relevanten Textstellen für die zu untersuchenden Unternehmensfunktionen zu gewährleisten und aussagekräftige Ergebnisse zu erhalten. Die potenzialreichsten Unternehmensfunktionen nach Impact von KI auf die Produktivität in US-Dollar sind 1. Marketing & Vertrieb, 2. Softwareentwicklung, 3. Supply Chain & Operations, 4. Kundenoperationen und 5. Produktforschung & -entwicklung (Chui et al., 2023).

Mit diesem Kategoriensystem wird pro Branche eine Tabelle erstellt, welche die KI-Anwendungen in den Unternehmensfunktionen bei den Unternehmen innerhalb der Branche erfasst und abbildet. Dafür werden die relevanten Textstellen aus dem Textmaterial extrahiert, paraphrasiert, Unternehmen und Funktionen zugeordnet und gebündelt (Mayring, 2022, S. 69).

3.4 Datenauswertung und Analysetechnik

Mithilfe der qualitativen Inhaltsanalyse als typisierende Strukturierung werden in der Untersuchung Ansätze und Anwendungsmöglichkeiten der Unternehmen gesammelt, um auftretende Potenziale durch KI-Technologien abzuschöpfen. Um dies zu erreichen, werden die Ergebnisse zunächst branchenspezifisch ausgewertet und erst anschließend branchenübergreifend betrachtet. Durch die branchenspezifische Betrachtung können zunächst Besonderheiten und Auffälligkeiten der Unternehmen einer Branche herausgestellt werden. Mithilfe der anschließenden branchenübergreifenden Betrachtung können die Besonderheiten und Auffälligkeiten der Branchen verglichen werden und so branchenübergreifende und branchenspezifische Ansätze identifiziert und voneinander abgegrenzt werden. Hierbei werden die Häufigkeiten der verwendeten Ansätze quantitativ analysiert (Mayring, 2022, S. 98). Die branchenübergreifende Quantifizierung ermöglicht dabei weitere Erkenntnisse über die Anwendungsmöglichkeiten und Potenziale der KI-Technologien.

3.5 Methodenkritik: Gütekriterien und Limitationen

Im Rahmen der qualitativen Inhaltsanalyse werden die klassischen Gütekriterien (Objektivität, Reliabilität und Validität) häufig aufgeweicht und flexibler gehandhabt. Eine qualitative Einschätzung sowie die Beurteilung an-

3.5 Methodenkritik: Gütekriterien und Limitationen

hand von inhaltsanalytischen Gütekriterien (u. a. Regelgeleitetheit, Verfahrensdokumentation und Nähe zum Gegenstand) gewinnt dabei an Relevanz und wird im Folgenden vorgenommen (Mayring, 2022, S. 52 u. 120–121).

Für die Untersuchung wurden in den vorhergehenden Kapiteln spezifische Rahmenbedingungen aufgestellt, Kriterien und Kategorien für die Durchführung, Auswertung sowie Interpretation definiert, Vorgehensweisen für die unterschiedlichen Schritte der Untersuchung festgehalten und das für die Untersuchung zu verwendende Material eingegrenzt (Abschn. 3.2 und 3.3). Neben den bereits festgelegten Regeln für die Auswertung und Interpretation (Abschn. 3.4) ergeben sich weitere Regeln aus den Techniken für qualitative Inhaltsanalysen nach Mayring (2022), die bei der Auswertung und Interpretation zu befolgen sind (S. 53–54, 64–71, 96–99 u. 105–106). Diese definierten Regeln und Kriterien gewährleisten durch ein systematisches Vorgehen bei der Untersuchung nicht nur Objektivität (Durchführungs-, Auswertungs- und Interpretationsobjektivität), sondern auch die Regelgeleitetheit als inhaltsanalytisches Gütekriterium. Die Untersuchung wird dabei in die einzelnen Verfahrensschritte unterteilt und die Ausführungen der Schritte dokumentiert. Hierdurch wird sowohl die Verfahrensdokumentation als inhaltsanalytisches Gütekriterium gesichert als auch in Kombination mit der Regelgeleitetheit und einer systematischen Vorgehensweise die Reliabilität als Hauptgütekriterium. Des Weiteren konnte herausgestellt werden, dass sich die Methodik nah an dem Forschungsgegenstand orientiert: Es wird eine typisierende Strukturierung verwendet, welche als Textmaterial Geschäftsberichte sowie Berichte über die Verwendung von KI-Technologien von den Unternehmen nutzt, um Typen von Anwendungsmöglichkeiten von KI-Technologien im Unternehmenskontext zu untersuchen und herauszustellen. Damit können die Validität als Hauptgütekriterium als auch die Nähe zum Gegenstand als inhaltsspezifisches Kriterium hergestellt werden.

Forschungsergebnisse 4

4.1 Branchenspezifische Forschungsergebnisse und Interpretation

4.1.1 Technologiebranche – Forschungsergebnisse und Interpretation

Die in Tab. 4.1 und 4.2 dargestellte Übersicht zeigt die KI-Anwendungen in der Technologiebranche. In der Produktforschung & -entwicklung verwenden alle Technologieunternehmen KI-Technologien, um KI-gestützt neue Tools und Produkte zu entwickeln sowie existierende Produkte weiterzuentwickeln. Ebenso werden existierende Produkte bzw. Software erweitert, indem KI-Technologien implementiert werden, die in der Software genutzt werden können. Die Anwendung der KI-Technologien trägt damit durch die Optimierung der Produktforschung & -entwicklung zur Wertschöpfung des Unternehmens bei.

Neben der Produktforschung & -entwicklung nutzen die sechs untersuchten Technologieunternehmen KI-Technologien vor allem im Marketing & Vertrieb: Durch die KI-Technologien können die Unternehmen Daten über das Verhalten von (potenziellen) Kunden automatisiert auswerten und ein personalisiertes Marketing herstellen, welches eine individuell zugeschnittene Kundenerfahrung ermöglicht und die gezielte Ansprache von Kunden ermöglicht (Gao & Liu, 2023, S. 665). Es können so mehr Kunden erreicht werden, zusätzliche Verkäufe erzielt werden, eine positive Auswirkung auf die Kundenzufriedenheit genommen werden und die Kundenbindung erhöht werden.

In der Softwareentwicklung verwenden vier der sechs Unternehmen (KI-gestützte) Plattformen bzw. Tools zum Entwickeln und Trainieren von KIs. Die

Tab. 4.1 KI-Anwendungen in der Technologiebranche (Teil 1)

	Microsoft	Apple	NVIDIA
Marketing & Vertrieb	Datenanalyse für Kundenbedürfnisse (personalisiertes Marketing) Neue Art von Erlösmodellen	Personalisiertes Marketing und Listing	Personalisiertes Marketing Analyse von Kundenbedürfnissen und Marketingeffizienz
Softwareentwicklung	KI-Technologie-Entwicklungs-Plattform + weitere Tools zur Entwicklung		KI-Technologie-Entwicklungs-Plattform Computing-Plattform zum Trainieren und Optimieren von KI
Supply Chain & Operations	Supply Chain Management(-Optimierung)		Supply Chain Management(-Optimierung)
Kundenoperationen	Lerninitiative im Bereich KI		Kundenerfahrungsmanagement
Produktforschung & -entwicklung	Implementierung von KI in Produkten Weiterentwicklung von Produkten mit KI KI-Technologie-Entwicklungs-Plattform	Implementierung von KI in Produkten	KI-Technologie-Entwicklungs-Plattform Entwicklung neuer Tools für unterschiedlichen Branchen Implementierung von KI in Produkten

Softwareentwicklung in der Technologiebranche überschneidet sich teilweise mit der Produktentwicklung und ist essenziell für diese, da entwickelte Software häufig auch ein Produkt von Technologieunternehmen ist. Besonders in Bezug auf neue KI-gestützte Programme kann durch den Einsatz von KI der Softwareentwicklungsprozess effizienter gestaltet werden. Es kann somit die Entwicklung von Lösungen zu existierenden Produkten mithilfe von KI beschleunigt werden und der dafür notwendige Aufwand reduziert werden.

Im Rahmen der Produktion von Hardware werden spezielle Komponenten benötigt, sodass es für Technologieunternehmen wichtig ist, die Lieferkette zu steuern und zu lenken, wobei Ressourcen, Lieferanten und Maschinen aufeinander abzustimmen sind (Sharma et al., 2021, S. 7535–7536). Auch für das Handels-

Tab. 4.2 KI-Anwendungen in der Technologiebranche (Teil 2)

	Alphabet	Amazon	Meta Platforms
Marketing & Vertrieb	Personalisiertes Marketing	Personalisiertes Marketing und Listing Generierung von Marketinginhalten Tools für Verkaufsförderung, Retoure	Personalisiertes Marketing Analyse von Kundenbedürfnissen Anzeigeflächenoptimierung
Softwareentwicklung	KI-Technologie-Entwicklungs-Plattform KI-Trainings-Plattform	KI-Technologie-Entwicklungs-Plattform KI-Trainings-Plattform	
Supply Chain & Operations		Supply Chain-Optimierung	
Kundenoperationen	Lerninitiative im Bereich KI	Kundenerfahrungsmanagement	Kundenerfahrungsmanagement
Produktforschung & -entwicklung	KI-Technologie-Entwicklungs-Plattform Entwicklung neuer Tools für unterschiedlichen Branchen Implementierung von KI in Produkten	KI-Technologie-Entwicklungs-Plattform KI für Entwicklung von Software und Hardware-Implementierung von KI in Produkten	(Weiter-)Entwicklung von Interfaces sowie Funktionen Implementierung von KI in Produkten

unternehmen Amazon ist die Optimierung der Lieferkette von wesentlicher Bedeutung. Durch den Einsatz von KI-Technologien können die Prozesse transparent gestaltet werden und in Echtzeit aufeinander abgestimmt werden sowie Trends prognostiziert werden, wodurch Engpässe vermieden werden können (Sharma et al., 2021, S. 7535–7536; Chui et al., 2023, S. 25; Belhadi et al., 2024, S. 642–643).

Für den Kundendienst verwenden die Technologieunternehmen (mit Ausnahme von Apple) ebenfalls KI-Technologien: Im Kundenerfahrungsmanagement sorgen die KI-Technologien dafür, dass die Serviceleistungen und Touchpoints der Kunden mit den Unternehmen optimiert werden, wodurch sich die Verwendung der KI-Technologien positiv auf die Kundenerfahrung auswirkt und somit die Kundenbindung erhöht. Dies führt zu wiederkehrenden Käufen, baut einen Wettbewerbsvorteil aus und trägt so zum Erfolg und zur Gewinnmaximierung des Unternehmens bei (Chen, 2015, S. 114).

Die Technologiebranche weist weitgehende Überschneidungen bei der Anwendung von KI-Technologien auf. Unterschiede und Einzelfälle lassen sich bei den untersuchten Technologieunternehmen nur selten auffinden. Eine besondere Auffälligkeit zeigt Meta Platforms, welches die Anwendung von KI-Technologien auf die Werbungs- und Nutzererfahrungsoptimierung konzentriert. Diese Besonderheit kann auf die Einnahmen des Unternehmens zurückgeführt werden: 97,8 % der Einnahmen des Unternehmens sind Werbeeinnahmen, wodurch die konzentrierte Anwendung von KI-Anwendungen zur Verbesserung dieser Einnahmen direkt zur Gewinnmaximierung und zum Erfolg des Unternehmens beiträgt (Meta Platforms, 2024, S. 4 u. 9). Eine weitere, seltene Anwendung ist das Nutzen von KI zur KI-gestützten Generierung von Marketinginhalten bzw. AI-generared Content (AIGC).

4.1.2 Bankenbranche – Forschungsergebnisse und Interpretation

Ebenso wie die Technologiebranche setzt die Bankenbranche, wie Tab. 4.3 und 4.4 zeigen, bereits in vielen Unternehmensfunktionen KI-Technologien ein. Aufgrund der hohen Relevanz von neuen Technologien in der Vergangenheit der Bankenbranche und der Ausbildung des Technologiefeldes Fintech wird eine hohe Relevanz der neuen KI-Technologien erwartet, wodurch sich die hohe Zahl der Anwendungen erklären lässt (26 von 30 möglichen Anwendungen) (Midhundev et al., 2023, S. 125).

Die Bankenunternehmen weisen eine Vielzahl von Überschneidungen bei der Verwendung von KI-Technologien in den untersuchten Funktionen auf: In der Produktforschung & -entwicklung verwenden alle Unternehmen KI-Technologien, um neue Möglichkeiten und innovative Produkte zu identifizieren, neue Produkte zu entwickeln und existierende Produkte zu verbessern. KI-Technologien analysieren hierbei Daten, um aktuelle Trends zu erkennen und auftretende Kundenbedürfnisse zu erfassen.

Des Weiteren setzen alle untersuchten Unternehmen (KI-gestützte) virtuelle Assistenten im Kundenkontakt ein. Die virtuellen Assistenten können den Kundenservice entlasten, indem sie Anfragen entgegennehmen sowie beantworten und auch Teile des Beschwerdemanagements übernehmen (Misischia et al., 2022, S. 422–423 u. 427). Darüber hinaus können die virtuellen Assistenten Zahlungen eigenständig ausführen, den Kunden bei der Buchung unterschiedlicher Finanzdienstleistungen und -produkte helfen und Daten sammeln.

Tab. 4.3 KI-Anwendungen in der Bankenbranche (Teil 1)

	JPMorgan Chase	Bank of America	Industrial and Commercial Bank of China
Marketing & Vertrieb	Personalisiertes Marketing Generierung von Marketinginhalten	Virtueller Assistent (treibt u. a. Sales voran) Analyse von Kundenbedürfnissen Personalisiertes Marketing	Generierung von Marketinginhalten + neuen Marketingmöglichkeiten Sales-Assistent
Softwareentwicklung	Überarbeitung veralteter Software und Environments + Generierung neuer Codes	Generierung neuer Codes	KI-gestützte Technologie-Entwicklungs-Plattform
Supply Chain & Operations	Liquiditätsmanagement/ Ressourcenoptimierung	Liquiditätsmanagement/ Ressourcenoptimierung	Transparentes, risikoreduziertes Finanzierungsmanagement
Kundenoperationen	Virtueller Assistent KI-Tools für Dokumentenanalyse	Virtueller Assistent	Virtueller Assistent Frühwarntools für Kundenabgang
Produktforschung & -entwicklung	Identifizieren/Entwickeln von neuen Möglichkeiten und Produkten sowie Verbesserung bestehender Produkte	Identifizieren/Entwickeln von neuen Möglichkeiten und Produkten sowie Verbesserung bestehender Produkte	Identifizieren/Entwickeln von neuen Möglichkeiten und Produkten sowie Verbesserung bestehender Produkte

Die durch die virtuellen Assistenten gesammelten Daten können im Marketing & Vertrieb genutzt werden. Hier können die Unternehmen mit den Daten aus der KI-gestützten Konversation die Kundenbedürfnisse analysieren und eine Personalisierung des Marketings vornehmen. Ebenso können virtuelle Assistenten diese Funktion im Vertrieb integrieren und für Kunden Angebote erstellen, um so zusätzliche Verkäufe zu generieren (Gao & Liu, 2023, S. 665).

Im Supply Chain & Operations nutzen die drei US-amerikanischen Banken KI, um die Liquidität des Unternehmens zu optimieren: Das Liquiditätsmanagement ist eine der Hauptaufgaben von Banken, um das Kapital effizient zu nutzen und die Profitabilität zu steigern. Sie müssen ihren finanziellen

Tab. 4.4 KI-Anwendungen in der Bankenbranche (Teil 2)

	Agricultural Bank of China	Wells Fargo	China Construction Bank
Marketing & Vertrieb	Managen von Online-Kanälen für Kundenakquise Personalisiertes Marketing	Personalisiertes Marketing Analyse von Kundenbedürfnissen	Virtueller Sales-Assistent sowie Roboter-Assistent Analyse von Kundenbedürfnissen Personalisiertes Marketing
Softwareentwicklung		KI-gestützte Technologie-Entwicklungs-Plattform	
Supply Chain & Operations		(Liquiditätsmanagement/ Ressourcenoptimierung)	
Kundenoperationen	Virtueller Assistent Frühwarntools für Kundenabgang	Virtueller Assistent Tool für zusätzliche Informationen für Konversation	Virtueller Assistent Roboter (Kundenengagement)
Produktforschung & -entwicklung	Identifizieren/Entwickeln von neuen Möglichkeiten und Produkten sowie Verbesserung bestehender Produkte	Identifizieren/Entwickeln von neuen Möglichkeiten und Produkten sowie Verbesserung bestehender Produkte	Identifizieren/Entwickeln von neuen Möglichkeiten und Produkten sowie Verbesserung bestehender Produkte

Verpflichtungen nachkommen und so stets über genügend Liquidität sowie Liquiditätspuffer verfügen (Zidan, 2020, S. 12–13). Durch den Einsatz von KI-Technologien wird es im Liquiditätsmanagement möglich, große Datenmengen KI-gesteuert auszuwerten, eine Vielzahl an Faktoren zu beachten, Muster zu erkennen, Anomalien zu berechnen und umfangreiche Prognosen zu treffen (Triepels et al., 2021, S. 110).

In der Softwareentwicklung nutzen die Bankenunternehmen KI zum Überarbeiten veralteter Software und Environments sowie zum Generieren und Entwickeln neuer Software (je zwei Unternehmen). Die Implementierung neuer Technologien sowie Software ist dabei von besonderer Bedeutung, um komplexe Finanzdienstleistungen bereitzustellen und effiziente, schnelle und transparente

Services zu ermöglichen, wobei KI eine dieser neuen Technologien darstellt und zur Bereitstellung der notwendigen Software beiträgt (Midhundev et al., 2023, S. 125).

KI-Anwendungen, die hingegen von nur wenigen Unternehmen verwendet werden, sind die KI-gestützte Generierung von Marketinginhalten, die Implementierung neuer Marketingmöglichkeiten sowie die Verwendung von Frühwarntools zur Kundenbindung und Kundenrückgewinnung bei Abgang (Chui et al., 2023, S. 16–17). Insbesondere die drei chinesischen Banken nutzen KI zur Kundenbindung, während KI bei der Liquiditätsoptimierung aufgrund von höheren regulatorischen Anforderungen nicht zum Einsatz kommt (Lei, 2018).

4.1.3 Pharmabranche – Forschungsergebnisse und Interpretation

Während die Pharmabranche, wie Tab. 4.5 und 4.6 zu entnehmen ist, weniger KI-Technologien verwendet als die Technologie- und Bankenbranche, ergeben sich dennoch einige Überschneidungen bei der Verwendung von KI-Technologien. Besonderheiten lassen sich insbesondere in der Produktforschung & -entwicklung herausstellen, welche für Pharmaunternehmen eine zentrale Rolle spielt: Die Herausforderungen in der Pharmabranche beziehen sich zumeist auf die Arzneimittelforschung und -entwicklung, da der Prozess langwierig ist und mit großem Zeitaufwand sowie Kosten verbunden ist (Gupta et al., 2021, S. 1315). Durch den Einsatz von KI-Technologien können der Prozess beschleunigt werden und Kosten eingespart werden: Die Unternehmen nutzen KI-Technologien, um Studienergebnisse, Laborresultate und weitere Daten zuverlässig und effizient auszuwerten und die Forschung zu beschleunigen (Mullowney et al., 2023, S. 896–897). Die KI-Technologien verringern damit den notwendigen Aufwand und wirken sich positiv auf die Bewältigung der primären Herausforderungen der Pharmabranche aus. Es werden dabei Ressourcen frei, die für weitere Arzneimittelentwicklungsprozesse genutzt werden können (Gupta et al., 2021, S. 1315).

Einige Pharmaunternehmen fokussieren sich auf die Anwendung von KI-Technologien zur Arzneimittelentwicklung, um zusätzlichen Aufwand sowie Kosten einzusparen und neue Arzneimittel in ihrem Portfolio aufzunehmen. Andere Unternehmen der Pharmabranche nutzen hingegen KI um andersartige Produkte, wie Roboter im Gesundheitswesen sowie Gesundheitstools und Gesundheitssoftwares/-systeme zu entwickeln bzw. weiterzuentwickeln (Russell et al., 2022, S. 978).

Tab. 4.5 KI-Anwendungen in der Pharmabranche (Teil 1)

	Eli Lilly	Novo Nordisk	Johnson & Johnson
Marketing & Vertrieb		Chatbot zur Beratung von Kunden Personalisiertes Marketing	Chatbot zur Beratung und Gewinnung von Kunden
Softwareentwicklung			
Supply Chain & Operations		Ressourcen- und Produktionsoptimierung	Supply Chain Optimierung
Kundenoperationen		Chatbot + personalisierter Service und Kundenerfahrungsmanagement	Chatbot + personalisierter Service und Beratung (+B2B-Beratung)/ Kundenerfahrungsmanagement
Produktforschung & -entwicklung	Arzneimittelforschung und -entwicklung	Arzneimittelforschung und -entwicklung Tool zur Auswertung von klinischen Studien	Arzneimittelforschung und -entwicklung Tools zur Auswertung medizinischer Bilder/ Abbildungen sowie zur Analyse von Operationen Robotics für Gesundheitswesen

Weitere Überschneidungen ergeben sich im Supply Chain & Operations: Vier Unternehmen setzen KI im Rahmen des Lagerbestandsmanagements bzw. zur Ressourcenoptimierung ein: Da der Gewinn der Pharmabranche zu einem Großteil aus der Herstellung und dem Verkauf von Arzneimitteln erwirtschaftet wird, sind die Unternehmen abhängig von einer zuverlässigen und effizient koordinierten Lieferkette. KI-Technologien können dabei eine Vielzahl an Faktoren beachten, um die Lieferkette zu optimieren, Prognosen zu treffen und Engpässe zu vermeiden, wodurch eine stabile, leistungsfähige Lieferkette gewährleistet werden kann (Belhadi et al., 2024, S. 642–643).

Darüber hinaus verwenden zwei Unternehmen KI im Rahmen von Chatbots in den Kundenoperationen, um Kunden zu beraten und an die Produkte heran-

4.1 Branchenspezifische Forschungsergebnisse und Interpretation

Tab. 4.6 KI-Anwendungen in der Pharmabranche (Teil 2)

	Merck	AbbVie	AstraZeneca
Marketing & Vertrieb	Erstellung neuer, digitaler Geschäftsmodelle, dadurch erhöhte Sales		Zielgruppenidentifizierung
Softwareentwicklung	Veränderungen im Datenmanagement für Software/Roboter		
Supply Chain & Operations	Ressourcen- und Produktionsoptimierung		Supply Chain Management Optimierung
Kundenoperationen			Bessere Zusammenarbeit und Durchführung von Behandlungen
Produktforschung & -entwicklung	Arzneimittelforschung und -entwicklung (+Plattform) Robotics für Gesundheitswesen Tools für klinische Studien, Services und Patienten-Journey	Arzneimittelforschung und -entwicklung	Arzneimittelforschung und -entwicklung Tools für klinische Studien Tools zur Früherkennung von Krankheiten Robotics für Gesundheitsweisen Tools für Gesundheitssoftware/-systeme

zuführen, wodurch eine positive Kundenerfahrung und Kundenzufriedenheit hergestellt werden können. Weitere Unternehmen nutzen KI zur Hyperpersonalisierung, um Angebote zu generieren, Kunden gezielt anzusprechen und den Kundenbedürfnissen gerecht zu werden (Gao & Liu, 2023, S. 665).

4.1.4 Telekommunikationsbranche – Forschungsergebnisse und Interpretation

Die in Tab. 4.7 und 4.8 dargestellte Übersicht zeigt die KI-Anwendungen in der Telekommunikationsbranche. In den Kundenoperationen verwenden alle Unternehmen KI-gestützte virtuelle Assistenten, die vor allem den Kundenservice und das Beschwerdemanagement unterstützen. Der virtuelle Assistent übernimmt nicht nur digital-schriftliche Anfragen, sondern auch Anfragen über die Hotline der Unternehmen, wodurch der Kundenservice umfangreich entlastet werden kann und sich auf das Lösen komplexer Anfragen fokussieren kann. Neben einer Übernahme und Weiterleitung von Anfragen kann die KI in einigen Unternehmen bereits Leitungen prüfen und eigenständig neustarten, proaktiv Kontakt aufnehmen und Techniker aussenden, sodass Störungen schneller behoben werden

Tab. 4.7 KI-Anwendungen in der Telekommunikationsbranche (Teil 1)

	China Mobile	T-Mobile US	Verizon
Marketing & Vertrieb	Personalisiertes Marketing Neue Marketingmöglichkeiten	Datenanalyse für Kundenbedürfnisse Personalisiertes Marketing	Personalisiertes Marketing Angebote per Sales-Bot
Softwareentwicklung	KI-Entwicklungs-Plattform		
Supply Chain & Operations	Predictive Maintenance Qualitätskontrolle und Smart Operation		Predictive Maintenance (Netz-/Ressourcenoptimierung)
Kundenoperationen	Mitgliedsprogramme Virtueller Assistent	Virtueller Assistent	Virtueller Assistent Personalisierter Service/proaktive Kontaktaufnahme/ Kundenerfahrungsmanagement
Produktforschung & -entwicklung	Ermöglicht neue Produkte sowie Entwickeln modularer, einsatzbereiter Leistungen Tools zur digitalen Kommunikation	SmartHome-Konnektivität und Tools KI-Toolpakete für Unternehmen	(Produktentwicklung durch KI)

Tab. 4.8 KI-Anwendungen in der Telekommunikationsbranche (Teil 2)

	Comcast	AT&T	Deutsche Telekom
Marketing & Vertrieb	Datenanalyse für Kundenbedürfnisse Personalisiertes Marketing		Personalisiertes Marketing Monetarisierungsoptionen
Softwareentwicklung		Bot als KI-Entwicklungshilfe Überarbeitung veralteter Software und Environments	KI-Entwicklungs-Plattform Überarbeitung veralteter Software und Environments
Supply Chain & Operations	Predictive Maintenance Netz-/Ressourcenoptimierung	Ressourcenoptimierung Qualitätskontrolle	Predictive Maintenance Qualitätskontrolle, Prozessautomatisierung Netz-/Ressourcenoptimierung
Kundenoperationen	Virtueller Assistent Effektivere Unterstützung bei Problemen	Virtueller Assistent	Virtueller Assistent Tool für Auswertung von Texten/Briefen
Produktforschung & -entwicklung	Identifizieren und Entwickeln von Produkten	Identifizieren von innovativen Produkten	KI-Tools für Unternehmen (auch zu Cybersicherheit) SmartMobilität-Tools SmartHome-Konnektivität

können. Dadurch kann die Kundenzufriedenheit erhöht werden und dem Wertversprechen durch zusätzliche Serviceleistungen nachgekommen werden (Schick, 2023). Durch das Lösen von Anfragen und das Verhindern sowie zeitnahe Beheben von Netzstörungen kann die Kundenzufriedenheit positiv beeinflusst werden und durch zusätzliche Services die Wahrnehmung der Qualität des Netzes verbessert werden, um die Kunden zu sichern.

Im Supply Chain & Operations verwenden fünf der untersuchten Unternehmen KI, um primär Tätigkeiten zum Predictive Maintenance und der Ressourcenoptimierung nachzukommen, aber auch Qualitätskontrollen und Prozessoptimierungen durchzuführen: Die Bereitstellung des Netzes zur

Telekommunikation hängt von einer Vielzahl an Faktoren ab, sodass es zu technischen Problemen, Störungen oder Netzausfällen kommen kann (Srividya & Akila, 2023, S. 1 u. 5–6). Treten diese Probleme häufig auf und/oder bleiben lange bestehen, werden Kunden unzufrieden und wechseln als Reaktion auf die negativ wahrgenommene Leistung ihren Netzanbieter (Manzoor et al., 2020, S. 66). Durch den Einsatz von KI-Technologien können die Unternehmen unterschiedliche Faktoren analysieren und so Fehler, Störungen sowie Netzausfälle prognostizieren und feststellen, bevor diese auftreten. Während die KI bereits einige dieser Fehler und Störungen selbst beheben kann, können Unternehmen präventiv handeln, die Frequenz sowie Dauer an tatsächlich auftretenden Fehlern/Störungen/Ausfällen reduzieren, wodurch die Kundenzufriedenheit, die Kundenbindung und damit verbunden der Gewinn des Unternehmens steigen. Des Weiteren verursacht die Bereitstellung von Netz hohe Kosten, wobei die Auslastung von unterschiedlichen Faktoren (bspw. Tageszeit und Wetter) abhängt. Eine Netzoptimierung hat das Potenzial, allen Kunden die vereinbarte Telekommunikationsdienstleistung bereitzustellen als auch Kosten für überschüssige Bereitstellung von Netz einzusparen. Die KI kann hierbei eine Vielzahl an Faktoren beachten, Prognosen zur Auslastung treffen und die Bereitstellung von Netz flexibel anpassen, um Kosteneinsparungen zu maximieren.

Im Marketing & Vertrieb nutzen die Telekommunikationsunternehmen ebenso KI zur Hyperpersonalisierung, wodurch individuelle Angebote für Kunden erstellt und Kundenbedürfnisse genau erfasst werden können, um zusätzliche Verkäufe zu generieren (Gao & Liu, 2023, S. 665).

In der Produktforschung & -entwicklung benutzen die untersuchten Unternehmen der Telekommunikationsbranche KI, um neue, innovative Produkte zu identifizieren, wodurch Prozesse der Produktforschung & -entwicklung optimiert werden und Produkte an Kundenbedürfnisse angepasst werden können (Comcast, 2023).

Im Bereich Softwareentwicklung verwenden Unternehmen einen KI-Bot oder eine KI-gestützte Technologie-Entwicklungs-Plattform, um neue Tools zu entwickeln sowie veraltete Software und Environments zu überarbeiten. Da diese Funktionen jedoch zumeist nicht im Mittelpunkt der Telekommunikationsbranche stehen, werden KI-Technologien in dieser Unternehmensfunktion am wenigsten von den untersuchten Unternehmen genutzt (drei Unternehmen) (Srividya & Akila, 2023, S. 1).

Weitere KI-Anwendungen sind die Anwendung von KI zur Auswertung nichtelektronischer Dokumente zur weiteren Optimierung des Kundenservices und der Einsatz von Sales-Bots im Marketing, um zusätzliche Verkäufe zu generieren und Daten zu sammeln.

4.2 Branchenübergreifende Forschungsergebnisse und Interpretation

Tab. 4.9 gibt einen branchenübergreifenden Überblick über KI-Anwendungen. Am weitesten verbreitet sind die Anwendungen von KI-Technologien in der Bankenbranche mit 26 (von 30 möglichen) Anwendungen von Unternehmen in den untersuchten Funktionen, gefolgt von der Telekommunikations- und Technologiebranche mit 25 bzw. 24 Anwendungen. In der Pharmabranche konnten 18-mal Anwendungen in den untersuchten Funktionen gefunden werden.

Am häufigsten verwenden Unternehmen KI-Technologien in der Funktion Produktforschung & -entwicklung mit 24 von 24 Unternehmen, gefolgt von Marketing & Vertrieb sowie Kundenoperationen mit 21 bzw. 20 Anwendungsfällen. Mit 16 bzw. 12 Fällen existieren im Supply Chain & Operations und der Softwareentwicklung die wenigsten Anwendungen von KI-Technologien. Im Folgenden werden die Anwendungen in den Funktionen genauer untersucht.

Tab. 4.9 Branchenübergreifende KI-Anwendungen

	Technologiebranche	Bankenbranche	Pharmabranche	Telekommunikationsbranche	Gesamtnutzung der Funktionen (max. 24)
Marketing & Vertrieb	6	6	4	5	21
Softwareentwicklung	4	4	1	3	12
Supply Chain & Operations	3	4	4	5	16
Kundenoperationen	5	6	3	6	20
Produktforschung & -entwicklung	6	6	6	6	24
Gesamtnutzung in der Branche (max. 30)	24	26	18	25	

Anmerkung: Die Tabelle stellt die Anzahl der Unternehmen dar, die die KI-Anwendungen in der jeweiligen Unternehmensfunktion einsetzen.

4.2.1 Marketing & Vertrieb

Im Marketing und Vertrieb verwenden alle Technologie- und Bankenunternehmen, fünf Telekommunikations- und vier Pharmaunternehmen KI.

Am häufigsten wurden KI-Technologien im Marketing & Vertrieb zur Durchführung eines personalisierten Marketings bzw. einer Hyperpersonalisierung angewendet (17 Unternehmen). Diese Art der Verwendung stellt damit eine branchenübergreifende Verwendung da: Die Personalisierung hilft dabei, die Kunden auf die richtige Weise mit den entsprechenden Produkten anzusprechen, wodurch die Wahrscheinlichkeit auf Abschluss eines Produktkaufs entscheidend erhöht werden kann (Gao & Liu, 2023, S. 665). Die KI-Technologien ermöglichen im Gegenzug zu den traditionellen Algorithmen, welche für die Personalisierung im E-Commerce bisher verwendet wurden, eine präzisere Personalisierung bzw. eine sogenannte Hyperpersonalisierung, eine Echtzeit-Anpassung und -Interaktion sowie Automatisierung des Personalisierungsprozesses (Singh & Ahmed, 2024, 582–583).

Ebenfalls wird KI im Marketing & Vertrieb eingesetzt, um aktiv zusätzliche Verkäufe durch Sales-Bots, KI-Vertriebs-Assistenten oder Beratungschatbots zu generieren. Ähnlich wie im personalisierten Marketing kann KI im Vertrieb helfen, mithilfe von großen Datenmengen die richtigen Kundenbedürfnisse und -erwartungen zu identifizieren und in Echtzeit personalisierte Angebote zu erstellen sowie passende Produkte zu vermitteln (McClure et al., 2024, S. 113–114). Ein weiterer Einsatz von KI im Marketing & Vertrieb ist die Generierung von Marketinginhalten (6 Unternehmen), wodurch der Erstellungsprozess von Marketinginhalten beschleunigt wird und Kosten sowie Aufwand reduziert werden (Chui et al., 2023, S. 16).

Interessant ist außerdem die Verwendung von KI, um neue Arten von Erlösmodellen zu erstellen: Die Unternehmen Microsoft und die Deutsche Telekom verwenden KI-Technologien, um neue Monetarisierungsoptionen zu schaffen, neue Erlösmodelle zu erstellen bzw. existierende zu erweitern und so indirekt zusätzliche Verkäufe zu generieren (Microsoft, o. J.).

Weitere Einzelfälle sind die fokussierte Anwendung von KI-Technologien zur Werbungsoptimierung bei Meta Platforms, aber auch die Nutzung von KI-Technologien, um neue, interaktive Marketing-/Werbemöglichkeiten wie Wissensquizze und Echtzeitinteraktionen anzuwenden sowie Online-Kanäle zu Marketingzwecken zu koordinieren und zu managen, sodass plattformübergreifend die Effizienz von Marketingmaßnahmen gesteigert werden kann.

4.2.2 Softwareentwicklung

In der Softwareentwicklung wird KI von vier Technologie- und Bankenunternehmen sowie drei Telekommunikations- und einem Pharmaunternehmen eingesetzt.

Am häufigsten wird KI in Form eines KI-gestützten Technologie-/Software-Entwicklungs-Bots, Tools oder einer Plattform zur Entwicklung und Überarbeitung von Codes/Software eingesetzt (neun Unternehmen). Durch die KI-gestützten Plattformen bzw. Bots wird der Prozess der Softwareentwicklung assistiert, sodass neue Software effizienter entwickelt werden sowie bereits existierende Codes automatisiert überarbeitet werden können (Nguyen-Duc et al., 2023, S. 60). Durch diesen KI-gestützten, effizienten Entwicklungsprozess können Kosten und Aufwand gespart werden.

Des Weiteren nutzen drei Technologieunternehmen KI in Form von KI-Trainings-Plattformen für das Training von generativer KI bzw. LLMs: Da die Entwicklung von KI als eine Gruppe neuer Technologien den Tätigkeiten der Technologiebranche zuzuordnen ist, gehört es ebenso zu dem Aufgabenbereich der Technologieunternehmen, KI-Technologien wie LLMs zu entwickeln und zu trainieren (MSCI, 2024, S. 39). Um dies effizient zu erreichen, werden die KI-Trainings-Plattformen eingesetzt. Andere Branchen benötigen KI-Trainings-Plattformen hingegen weniger, da sie Partnerschaften mit den Technologieunternehmen eingehen und KIs sowie LLMs durch die Partnerschaft bereitgestellt bekommen (bspw. Novo Nordisk, 2024, S. 3 u. 11).

4.2.3 Supply Chain & Operations

In Supply Chain & Operations setzen vor allem Telekommunikationsunternehmen KI-Technologien ein (fünf), aber auch die untersuchten Pharma- und Bankenunternehmen verwenden mit je vier Anwendungen und Technologieunternehmen mit drei Anwendungen KI in diesem Bereich häufig.

Die untersuchten Unternehmen verwenden KI im Supply Chain & Operations, um eine Kombination aus Ressourcen-, Produktions- oder gesamtheitliche Supply-Chain-(Management-)Optimierung zu erreichen, wobei der Schwerpunkt der Optimierung von der Branche abhängt: Unternehmen, bei denen das Hauptgeschäft von der Produktion und Herstellung von Gütern abhängt, profitieren maßgeblich von einer stabilen Lieferkette und einer Ressourcenoptimierung. Hierbei werden KI-Technologien eingesetzt, um die Lieferkette zu koordinieren,

Engpässe zu vermeiden und eine konstante Produktion aufrechtzuerhalten (Sharma et al., 2021, S. 7535–7538; Shekhar et al., 2023, S. 4181–4183). In Telekommunikationsunternehmen kann KI eingesetzt werden, um unter Beachtung einer Vielzahl an Faktoren Prognosen zu treffen, darauf basierend die Netzbereitstellung zu optimieren und Kosteneinsparungen vorzunehmen (Ericsson, o. J.). Insgesamt können somit Risiken minimiert und Engpässe vermieden werden bei gleichzeitiger Gewinnmaximierung. Die Supply-Chain-Optimierung kann damit als ein generelles, branchenübergreifendes Potenzial für die Anwendung von KI-Technologien angesehen werden.

Eine weitere Anwendung von KI-Technologien im Supply Chain & Operations ist das Predictive Maintenance: Während es aufgrund von notwendigen, technischen Rahmenbedingungen zunächst vorrangig in der Telekommunikationsbranche genutzt wird, um die fehlerfreie Bereitstellung von Netz zu gewährleisten und die Kundenzufriedenheit zu steigern (Schick, 2023; Manzoor et al., 2020, S. 66; Srividya & Akila, 2023, S. 1 u. 5–6), beschränkt sich Predictive Maintenance nicht auf die Telekommunikationsbranche und ist damit auch für weitere Branchen von Relevanz, um Ausfälle und Produktionsengpässe zu verhindern und somit anfallende Kosten sowie Gewinneinbußen zu vermeiden (Zonta et al., 2020, S. 1–2 u. 15; Kliestik et al., 2023, S. 1114–1115).

4.2.4 Kundenoperationen

KI wird zu Zwecken von Kundenoperationen von allen Telekommunikations- und Bankenunternehmen sowie fünf der Technologieunternehmen verwendet. Die Pharmaunternehmen nutzen mit drei vergleichsweise wenige KI-Anwendungen für Kundenoperationen.

Die Unternehmen verwenden in den Kundenoperationen KI-Technologien vorrangig als virtuelle Assistenten, um Anfragen automatisiert von den virtuellen Assistenten entgegennehmen, auswerten und beantworten zu lassen (Kraus et al., 2023, S. 15.393–15.395). Da Unternehmen grundsätzlich von einem Kundenservice und einem Beschwerdemanagement profitieren können und KI als virtueller Assistent diese Funktionen unterstützen und optimieren kann, bietet die Anwendung von KI als virtueller Assistent in den Kundenoperationen branchenübergreifende Potenziale (Misischia et al., 2022, S. 422–423 u. 427).

Am zweithäufigsten wird KI für Kundenoperationen im Rahmen eines Kundenerfahrungsmanagements bzw. eines personalisierten Services eingesetzt. Der Einsatz von KI-Technologien kann das Kundenerfahrungsmanagement unterstützen, indem die KI große Datenmengen verwerten kann und eine hohe Anzahl an Faktoren beachten kann. Dadurch können Touchpoints in Echtzeit angepasst werden und die Kundenerfahrung optimiert werden.

Eine weitere Anwendung von KI-Technologien, die sich herausgestellt haben, allerdings nur bedingt von den untersuchten Unternehmen eingesetzt werden, stellt der Einsatz von KI-Technologien als Frühwarntools für Kundenabgang in chinesischen Banken dar, ist jedoch im Rahmen des Kundenmanagements auch für weitere Unternehmen von Bedeutung und deutet ein branchenübergreifenden Potenzial an (Chui et al., 2023, S. 17).

4.2.5 Produktforschung & -entwicklung

Alle der untersuchten Unternehmen nutzen KI in der Produktforschung & -entwicklung. Die Produktforschung & -entwicklung ist damit das Anwendungsgebiet, in dem die untersuchten Unternehmen am häufigsten KI-Technologien nutzen.

KI-Technologien können in der Produktforschung & -entwicklung umfangreiche Datenanalysen durchführen, Trends, Bedürfnisse und Erwartungen von Kunden ermitteln und darauf basierend neue Produkte identifizieren sowie entwickeln und existierende Produkte weiterentwickeln. Da sich die unterschiedlichen Branchen mit voneinander abgrenzbaren Produkten bzw. Dienstleistungen beschäftigen, unterscheidet sich auch der Schwerpunkt von KI-Technologien in der Produktforschung & -entwicklung. Bei der Technologiebranche steht bei der Anwendung von KI-Technologien zur Produktforschung & -entwicklung die (Weiter-)Entwicklung von neuen Produkten bzw. neuer Software durch KI im Mittelpunkt, die Pharmaunternehmen hingegen fokussieren sich überwiegend auf den Entwicklungsprozess von Arzneimitteln. Banken- und Telekommunikationsunternehmen befassen sich mit einem umfangreichen Ansatz zur Entwicklung neuer Produkte und Angebote für ihr Portfolio.

4.3 Branchenübergreifende Interpretation – Gesamtüberblick

Im Gegenzug zu den bisherigen branchenspezifischen oder funktionsorientierten Perspektiven wird im Folgenden ein Gesamtüberblick der Anwendungen von KI-Technologien gegeben, welcher weitere Besonderheiten herausstellt, indem

Branchen und Unternehmensfunktionen parallel übergreifend bzw. im Gesamtüberblick betrachtet werden.

Die Banken-, Telekommunikations- und Technologiebranche verwenden KI-Technologien in allen untersuchten Unternehmensfunktionen, wobei vor allem KI-Technologien im Marketing & Vertrieb, im Kundendienst und in der Produktforschung & -entwicklung etabliert sind und zuverlässig in den Unternehmen der Branche genutzt werden, wobei aber auch Softwareentwicklung und Supply Chain & Operations nicht vernachlässigt werden. Hierbei kommt es sowohl zu branchenspezifischen als auch branchenübergreifenden Überschneidungen. Die Pharmabranche fokussiert sich bei der Anwendung von KI-Technologien auf die Produktforschung & -entwicklung, wobei immer noch ein Großteil der Unternehmen KI-Technologien im Marketing & Vertrieb und im Supply Chain & Operations verwendet. Während alle der untersuchten Branchen große Potenziale bei der Verwendung von KI-Technologien aufweisen, ist die Gesamtnutzung sowie die Nutzung in den unterschiedlichen Unternehmensfunktionen verschieden. Dies kann sowohl durch das Kerngeschäft der Branchen als auch durch deren bisherigen Nutzen aus existierenden Technologien erklärt werden: Ein Schwerpunkt der Technologiebranche ist die Entwicklung von KI bzw. KI-Technologien, um Lösungen für unterschiedliche Probleme zu schaffen. Die Technologiebranche hat dadurch einen gezielten und branchenbedingten Zugang zu neuen Technologien bzw. zu KI-Technologien und kann diese Technologien entsprechend im eigenen Unternehmen etablieren. Unternehmen der Telekommunikations- und Bankenbranche beschäftigen sich hingegen seit langer Zeit mit Technologien, um Herausforderungen in Bezug auf die Produkte und Dienstleistungen zu lösen, so verwenden die Unternehmen bspw. bereits seit einiger Zeit virtuelle Assistenten, wobei deren Funktionsfähigkeit zur Interaktion ohne generative KI eingeschränkt gewesen ist (Midhundev et al., 2023, S. 125). KI-Technologien bieten hier eine direkte Verbesserung zu bereits vorhandenen Services und stellen damit einen direkten Mehrwert für die Unternehmen dar. In der Pharmabranche sind hingegen die Forschungs- und Entwicklungsprozesse von Arzneimitteln mit hohem Aufwand und hohen Kosten verbunden. Dabei konnten bereits in der Vergangenheit unterschiedliche Technologien erfolgreich dazu beitragen, den Arzneimittelforschungs- und -entwicklungsprozess effizienter zu gestalten und Kosten sowie Aufwand zu reduzieren, sodass die KI-Technologien aufgrund ihrer wissensbezogenen Anwendung weitere Potenziale darstellen (Gupta et al., 2021, S. 1315; Welch, 2023).

4.4 Handlungsempfehlungen

Die Untersuchung konnte Anwendungsmöglichkeiten und Potenziale von KI-Technologien aufzeigen und Ansätze zur Anwendung herausstellen. Während einige dieser Ansätze sehr speziell auf Unternehmen zugeschnitten sind, ermöglichen andere Ansätze die Abschöpfung von branchenspezifischen und teilweise branchenübergreifenden Potenzialen (5.3.3). Basierend auf den Ergebnissen aus der Untersuchung werden im Folgenden Empfehlungen für die Anwendung von KI-Technologien in Unternehmen gegeben.

Die branchenübergreifenden Anwendungen von KI-Technologien sind unabhängig von spezifischen Branchen oder Unternehmen und können stattdessen von einer Vielzahl an Unternehmen eingesetzt werden. Nachfolgend werden die für die untersuchten Funktionen als branchenübergreifende Ansätze identifizierten Anwendungsmöglichkeiten beschrieben.

Marketing & Vertrieb
Personalisiertes Marketing bzw. Hyperpersonalisierung: Bei dem personalisierten Marketing geht es um das Erschaffen von individualisierten Erlebnissen für die Nutzer. Bisher werden dazu klassische Algorithmen verwendet, die mit wenigen, grundlegenden Nutzerinformationen arbeiten und z. B. auf Basis des Suchverhaltens weitere Vorschläge generieren (Gao & Liu, 2023, S. 665). KI-Technologien ermöglichen gegenüber den Algorithmen die Hyperpersonalisierung als fortgeschrittene Form der Personalisierung: KIs können über NLP weitere Informationen (eigenständig) sammeln und auswerten. Bei der Auswertung zur Hyperpersonalisierung kann eine Vielzahl an Faktoren sowie Daten aus unterschiedlichsten Quellen beachtet werden, Analysen in Echtzeit durchgeführt werden und deren Ergebnisse umgesetzt werden. Hiermit geht häufig die Analyse von Kundenbedürfnissen einher, um Ergebnisse basierend auf den Bedürfnissen zu liefern.

Softwareentwicklung
Generierung und Überarbeitung von Codes: Als Tool, Bot oder Entwicklungsplattform können KI-Technologien den Entwicklungsprozess von Codes bzw. Software unterstützen. Dadurch kann die Softwareentwicklung schneller und gezielter ablaufen, Fehler automatisiert ermittelt und behoben werden sowie die Performance der Software erhöht werden (Nguyen-Duc et al., 2023, S. 60).

Supply Chain & Operations
Optimierung von Supply Chain Management, Ressourcenoptimierung: Die Lieferkette umfasst eine Vielzahl an Prozessen, die miteinander koordiniert werden müssen. Durch eine effektive Koordinierung kann die Lieferkette effizient und reaktionsfähig organisiert werden, sodass Risiken minimiert und Engpässen verhindert werden können (Sharma et al., 2021, S. 7535–7538; Belhadi et al., 2024, S. 642–643). Die KI-Technologien ermöglichen eine Echtzeit-Transparenz der Prozesse und können die Lieferkette so optimieren. Auch in einzelnen Schritten können KI-Technologien implementiert werden: Bei der Bedarfsplanung kann die KI Prognosen treffen und Pläne ausarbeiten. In der Beschaffung können unter der Beachtung von verschiedenen Konditionen und Faktoren optimale Lieferanten identifiziert werden sowie die Partnerschaft und Zusammenarbeit koordiniert werden (Chui et al., 2023, S. 25). Aber auch in der Distribution kann KI einen wichtigen Beitrag zur Transportplanung und dem Versand leisten (Shekhar et al., 2023, S. 4181–4183). In der Untersuchung konnte vor allem die Ressourcenoptimierung als potenzialreiche Anwendungsmöglichkeit von KI-Technologien identifiziert werden, die mit den genannten Funktionen einhergeht.

Kundenoperationen
Virtuelle Assistenten und Chatbots: KI-Technologien können als virtuelle Assistenten automatisiert Anfragen entgegennehmen und beantworten. So kann der Kundendienst entlastet werden und sich mit komplexen Anfragen auseinandersetzen. Durch die schnelle (Echtzeit)Beantwortung von sowohl einfachen als auch komplexen Anfragen steigt die Kundenzufriedenheit (Kraus et al., 2023, S. 15.393–15.395).

Produktforschung & -entwicklung
Allgemeine Produktforschung & -entwicklung: KI-Technologien können in der Produktforschung & -entwicklung eingesetzt werden, um Unternehmen bei der Identifizierung, Entwicklung und Erforschung von neuen Produkten sowie bei der Überarbeitung von existierenden Produkten zu unterstützen. Während diese Anwendungsmöglichkeit branchenübergreifend besteht, ist die tatsächliche Anwendung branchenspezifisch, da unterschiedliche Branchen verschiedene Produkte und Dienstleistungen im Fokus haben. Die Untersuchung hat gezeigt, dass alle untersuchten Unternehmen KI-Technologien in der Produktforschung & -entwicklung verwenden, um ihre (branchenspezifischen oder unternehmensindividuellen) Produkte und Dienstleistungen zu erforschen, zu entwickeln und herzustellen, sodass sich auf generelle, branchenübergreifende Potenziale hinsichtlich der Produktforschung & -entwicklung schließen lässt. Da die Produkte

4.4 Handlungsempfehlungen

und Dienstleistungen jedoch individuell sind, müssen Unternehmen Probleme und Herausforderungen der individuellen Prozesse identifizieren und KI-Technologien lösungsorientiert einsetzen, um diese Probleme zu lösen und Herausforderungen zu bewältigen.

Branchenübergreifende und branchenspezifische Anwendungen
Die in der Untersuchung herausgestellten, branchenübergreifenden Anwendungen weisen damit weitgehende Potenziale auf und können von unterschiedlichen Unternehmen verwendet werden. Gegenüber den branchenübergreifenden Anwendungen weisen branchenspezifische Anwendungen außerhalb ihrer Branche geringere Potenziale auf und können damit nicht uneingeschränkt für Unternehmen weiterer Branchen empfohlen werden. Aus den Ergebnissen der Interpretation lässt sich entnehmen, dass es dennoch einige branchenspezifische Anwendungsmöglichkeiten gibt, die branchenübergreifende Potenziale aufweisen, z. B. Predictive Maintenance.

Einzelfälle bei der Anwendung von KI-Technologien können als unternehmensindividuellen Ansätze kategorisiert werden (z. B. KI-Technologien zur Optimierung von Anzeigen/Werbung bei Meta Platforms), wodurch sie in anderen Unternehmen nicht optimal eingesetzt werden können und in diesen nur wenig Potenzial abschöpfen. Die unternehmensindividuellen Ansätze sensibilisieren und zeigen jedoch, dass neben den häufig verwendeten (branchenübergreifenden oder branchenspezifischen) Ansätzen weitere Ansätze zur Anwendung von KI-Technologien existieren, die von dem eigenen Unternehmen zu identifizieren sind, um besondere Potenziale abschöpfen zu können.

Fazit 5

Im Rahmen der Untersuchung konnten unterschiedliche Anwendungsmöglichkeiten von KI-Technologien in Unternehmen gezeigt werden. Da KI-Technologien sehr vielfältig sind und eine Vielzahl an Anwendungsmöglichkeiten aufweisen, können sie in ebenso vielen Unternehmensfunktionen eingesetzt werden. Als wesentliche Anwendung in den verschiedenen Unternehmensfunktionen haben sich die Hyperpersonalisierung und die Analyse von Kundenbedürfnissen sowie auch der Einsatz von Sales- und Beratungsbots im Marketing & Vertrieb herausgestellt. In der Softwareentwicklung konnte die KI-gestützte Generierung von neuen Codes und die Überarbeitung von veralteten Codes identifiziert werden. Im Supply Chain & Operations hat hingegen die Anwendung von KI-Technologien zur Optimierung von Supply Chain Prozessen insbesondere der Ressourcenoptimierung Potenzial gezeigt. Bei den Kundenoperationen nutzen die Unternehmen virtuelle Assistenten sowie ein KI-gestütztes Kundenerfahrungsmanagement. In der Produktforschung & -entwicklung hat sich der Einsatz von KI-Technologien zur Identifizierung, Erforschung und Entwicklung von neuen Produkten bzw. zur Weiterentwicklung von bestehenden Produkten in den untersuchten Unternehmen etabliert.

Branchenübergreifend gibt es Überschneidungen und Unterschiede in der Nutzung von KI-Technologien: Die Technologiebranche nutzt KI intensiv zur Entwicklung neuer Software, während die Bankenbranche virtuelle Assistenten für Kundenservice und Marketing einsetzt. In der Pharmabranche liegt der Fokus auf Arzneimittelforschung und Produktionsoptimierung und die Telekommunikationsbranche verwendet KI für Kundenservice und vorausschauende Wartung.

Die KI-Technologien werden von Unternehmen bzw. Branchen verwendet, um Herausforderungen zu lösen, und tragen so komplementär zur Wertschöpfung, der Erhaltung der Wirtschaftsfähigkeit und der Gewinnmaximierung des Unternehmens auf unterschiedliche Weise bei. Es können dafür bereits existierende, branchenübergreifende Ansätze genutzt werden, um Potenziale wahrzunehmen. Die Unternehmen sollten sich jedoch nicht auf verfügbare KI-Ansätze anderer Unternehmen beschränken, sondern aktiv Probleme des eigenen Unternehmens identifizieren und erforschen, wie KI-Technologien eingesetzt werden können, um weiteres Optimierungspotenzial abzuschöpfen.

Abschließend ist es zentral, einige Limitationen der Untersuchung zu betrachten. Zunächst wurde die Untersuchung ausschließlich auf marktführende Unternehmen eingegrenzt. Die marktführenden Unternehmen haben im Vergleich zu kleineren Unternehmen hohe Budgets, sind lange am Markt etabliert, verfügen über große Mengen an Daten und Zugang zu hohen Computerleistungen. Durch die Budgets können die Unternehmen hohe Summen in die Entwicklung von KI-Technologien investieren, mit dem Einsatz experimentieren und die Technologien für das Unternehmen optimieren, so kostet bspw. das Framework zum Trainieren eines LLMs (Hardware und notwendige Infrastruktur) mehrere Millionen US-Dollar (JPMorgan Chase, 2023). Ebenso können durch die vorhandenen Daten KIs gezielter trainiert werden und bessere Ergebnisse liefern. Den kleinen und mittleren Unternehmen (KMU) stehen hingegen weniger Budget und kleinere Trainingsdatensätze zur Verfügung, was bei der Anwendung von KI-Technologien zu beachten ist. Die Unternehmen brauchen jedoch keine eigenen LLMs und können durch Partnerschaften mit Technologieunternehmen dennoch eigene Lösungen etablieren, wodurch die Ergebnisse eingeschränkt auch für KMU zutreffen können.

Eine weitere Einschränkung ergibt sich durch die Untersuchung der potenzialreichsten Branchen. Bei Branchen mit weniger Potenzial ist es möglich, dass diese nicht ausreichend von den herausgestellten Ansätzen profitieren, sondern die identifizierten Potenziale mit ihren Ansätzen durch Branchenbesonderheiten entfallen. Ebenso stellt die Untersuchung der potenzialreichsten Unternehmensfunktionen eine Limitation dar. Hierdurch können vor allem große Potenziale herausgestellt werden, jedoch kann es vorkommen, dass Anwendungsmöglichkeiten in weniger potenzialreichen Unternehmensfunktionen nicht zuordenbar sind und bei den Ergebnissen entsprechend entfallen. Solche Anwendungsmöglichkeiten können bspw. in spezifischen Branchen oder Unternehmen dennoch Potenziale darstellen und sind somit für die zukünftige Anwendung/Forschung zu beachten.

Des Weiteren ist zu erwähnen, dass die in der Untersuchung verwendeten Kategorien bzw. Unternehmensfunktionen nicht vollkommen trennscharf voneinander sind, sodass die Zuordnung einiger KI-Anwendungen nicht eindeutig ist.

Dies ist insbesondere bei den Funktionen Softwareentwicklung und Produktentwicklung (in der Technologiebranche) der Fall.

Diese Arbeit konnte Kenntnisse zu Anwendungen und Potenzialen von KI-Technologien in unterschiedlichen Branchen herausstellen. Es wird jedoch weitere Forschung auf diesem Gebiet benötigt. So sind neben den in dieser Arbeit untersuchten, potenzialreichen Branchen auch weniger potenzialreiche Branchen zu untersuchen und deren Unterschiede hinsichtlich der Anwendung von KI-Technologien herauszustellen. Ebenso sind neben marktführenden Unternehmen auch KMU zu betrachten, für die sich aufgrund ihres geringeren Budgets für die Implementierung von KI andere Potenziale und Ansätze zur Anwendung von KI ergeben.

Was Sie aus diesem *essential* mitnehmen können

- Einen Überblick über potenzialreiche Anwendungsmöglichkeiten von KI-Technologien in Unternehmen.
- Unternehmen unterschiedlicher Branchen weisen aufgrund branchenspezifischer Herausforderungen, Prozesse und Abläufe ebenso branchenspezifische Potenziale bei der Anwendung von KI auf.
- Neben branchenspezifischen Potenzialen gibt es auch generelle, branchenunabhängige Potenziale.
- Branchenunabhängige Anwendungsmöglichkeiten sind der Einsatz von KI zur Hyperpersonalisierung, zurGenerierung und Überarbeitung von Codes, zur Optimierung im Supply Chain Management, insbesondere zur Ressourcenoptimierung, für virtuelle Chatbots zur Kundeninteraktion und zur Erforschung sowie Entwicklung neuer Produkte bzw. Weiterentwicklung existierender Produkte.

Literatur

Armour, J., & Sako, M. (2020). AI-enabled business models in legal services: From traditional law firms to next-generation law companies? *Journal of Professions and Organization, 7*(1), 27–46. https://doi.org/10.1093/jpo/joaa001.

Belhadi, A., Mani, V., Kamble, S. S., Khan, S. A. R., & Verma, S. (2024). Artificial intelligence-driven innovation for enhancing supply chain resilience and performance under the effect of supply chain dynamism: An empirical investigation. *Annals of Operations Research, 333*(2–3), 627–652. https://doi.org/10.1007/s10479-021-03956-x.

Bianchi, T. (2023). *AI: Keyword traffic volume worldwide 2023*. Statista. https://www.statista.com/statistics/1398211/ai-keyword-traffic-volume/.

Chen, S.-C. (2015). Customer value and customer loyalty: Is competition a missing link? *Journal of Retailing and Consumer Services, 22,* 107–116. https://doi.org/10.1016/j.jretconser.2014.10.007.

Chui, M., Hazan, E., Roberts, R., Singla, A., Smaje, K., Sukharevsky, A., Yee, L., & Zemmel, R. (2023). *Economic potential of generative AI |McKinsey*. https://www.mckinsey.com/capabilities/mckinsey-digital/our-insights/the-economic-potential-of-generative-ai-the-next-productivity-frontier#/.

Chung, J., Kastner, K., Dinh, L., Goel, K., Courville, A. C., & Bengio, Y. (2015). A recurrent latent variable model for sequential data. *Advances in Neural Information Processing Systems, 28.* https://proceedings.neurips.cc/paper_files/paper/2015/hash/b618c3210e934362ac261db280128c22-Abstract.html.

Comcast. (2023). *Comcast and Broadcom to Develop the World's First AI-Powered Access Network with Pioneering New Chipset*. Comcast Network & Engineering. https://corporate.comcast.com/press/releases/comcast-broadcom-develop-ai-powered-access-network-pioneering-new-chipset.

Companies Market Cap. (2024a). *Largest banks and bank holding companies by market cap*. Companies Market Cap. https://companiesmarketcap.com/banks/largest-banks-by-market-cap/.

Companies Market Cap. (2024b). *Largest pharma companies by market cap*. Companies Market Cap. https://companiesmarketcap.com/pharmaceuticals/largest-pharmaceutical-companies-by-market-cap/.

Companies Market Cap. (2024c). *Largest tech companies by market cap.* Companies Market Cap. https://companiesmarketcap.com/tech/largest-tech-companies-by-market-cap/.

Companies Market Cap. (2024d). *Largest telecommunication companies by market cap.* Companies Market Cap. https://companiesmarketcap.com/telecommunication/largest-telecommunication-companies-by-market-cap/.

Crawford, T., Duong, S., Fueston, R., Lawani, A., Owoade, S., Uzoka, A., Parizi, R. M., & Yazdinejad, A. (2023). AI in software engineering: A survey on project management applications (Version 1). *arXiv.* https://doi.org/10.48550/ARXIV.2307.15224.

Dash, R., McMurtrey, M., Rebman, C., & Kar, U. K. (2019). Application of artificial intelligence in automation of supply chain management. *Journal of Strategic Innovation and Sustainability, 14*(3). https://doi.org/10.33423/jsis.v14i3.2105.

Ericsson. (o. J.). *Network Management for telecom operations.* Ericsson.Com. https://www.ericsson.com/en/network-management.

Gambardella, A., & McGahan, A. M. (2010). Business-model innovation: General purpose technologies and their implications for industry structure. *Long Range Planning, 43*(2–3), 262–271. https://doi.org/10.1016/j.lrp.2009.07.009.

Gao, Y., & Liu, H. (2023). Artificial intelligence-enabled personalization in interactive marketing: A customer journey perspective. *Journal of Research in Interactive Marketing, 17*(5), 663–680. https://doi.org/10.1108/JRIM-01-2022-0023.

Gupta, R., Srivastava, D., Sahu, M., Tiwari, S., Ambasta, R. K., & Kumar, P. (2021). Artificial intelligence to deep learning: Machine intelligence approach for drug discovery. *Molecular Diversity, 25*(3), 1315–1360. https://doi.org/10.1007/s11030-021-10217-3.

IBM. (2023a). *2023 Chief Executive Officer Study: Decision-making in the age of AI\IBM.* IBM Institute for Business Value. https://www.ibm.com/downloads/cas/1V2XKXYJ.

IBM. (2023b). *What is Artificial Intelligence (AI)?\IBM.* IBM Institute for Business Value. https://www.ibm.com/topics/artificial-intelligence.

Ikumoro, A. O., & Jawad, M. S. (2019). Intention to use intelligent conversational agents in e-commerce among Malaysian SMEs: An integrated conceptual framework based on tri-theories including unified theory of acceptance, use of technology (UTAUT), and T-O-E. *International Journal of Academic Research in Business and Social Sciences, 9*(11), 205–235. https://doi.org/10.6007/IJARBSS/v9-i11/6544.

JPMorgan Chase. (2023). *AI Boosting Payments Efficiency & Cutting Fraud\J.P. Morgan.* JPMorgan Payments. https://www.jpmorgan.com/insights/payments/payments-optimization/ai-payments-efficiency-fraud-reduction.

Kauffeld, S. (Hrsg.). (2019). Arbeits-, Organisations- und Personalpsychologie für Bachelor: Mit 44 Abbildungen und 42 Tabellen (3. Auflage). *Springer.* https://doi.org/10.1007/978-3-662-56013-6.

Kliestik, T., Nica, E., Durana, P., & Popescu, G. H. (2023). Artificial intelligence-based predictive maintenance, time-sensitive networking, and big data-driven algorithmic decision-making in the economics of Industrial Internet of Things. *Oeconomia Copernicana, 14*(4), 1097–1138. https://doi.org/10.24136/oc.2023.033.

Kraus, S., Oshrat, Y., Aumann, Y., Hollander, T., Maksimov, O., Ostroumov, A., & Shechtman, N. (2023). Customer service combining human operators and virtual agents: A call for multidisciplinary AI research. *Proceedings of the AAAI Conference on Artificial Intelligence, 37*(13), 15393–15401. https://doi.org/10.1609/aaai.v37i13.26795.

Lee, J., Suh, T., Roy, D., & Baucus, M. (2019). Emerging technology and business model innovation: The case of artificial intelligence. *Journal of Open Innovation: Technology, Market, and Complexity, 5*(3), 44. https://doi.org/10.3390/joitmc5030044.

Lei, X. (2018). *Chinese regulator revises liquidity risk management rules for banks.* S&P Global. https://www.spglobal.com/marketintelligence/en/news-insights/trending/ClwBk9HIbHc2g-7BZ23hUA2.

Ma, L., & Sun, B. (2020). Machine learning and AI in marketing – connecting computing power to human insights. *International Journal of Research in Marketing, 37*(3), 481–504. https://doi.org/10.1016/j.ijresmar.2020.04.005.

Manzoor, U., Baig, S. A., Usman, M., & Shahid, M. J. (2020). Factors affecting brand switching behavior in telecommunication: A quantitative investigation in faisalabad region. *Journal of Marketing and Information Systems, 3*(1), 63–82. https://doi.org/10.31580/jmis.v3i1.1485.

Mayring, P. (2022). *Qualitative Inhaltsanalyse: Grundlagen und Techniken* (13., überarbeitete Auflage). Beltz.

McClure, C. E., Epler, R. T., Schmitt, L., & Rangarajan, D. (2024). AI in sales: Laying the foundations for future research. *Journal of Personal Selling & Sales Management, 44*(2), 108–127. https://doi.org/10.1080/08853134.2024.2329905.

Meta Platforms. (2024). *Meta Reports First Quarter 2024 Results.* Meta Investor Relations. https://s21.q4cdn.com/399680738/files/doc_financials/2024/q1/Meta-03-31-2024-Exhibit-99-1_FINAL.pdf.

Microsoft. (o. J.). *Microsoft Copilot for Sales—AI for Sales|Microsoft.* Microsoft AI. https://www.microsoft.com/en-us/ai/microsoft-sales-copilot.

Midhundev, U., Harshith, T. N., Ramachandran, M., & Kurinjimalar, R. (2023). An empirical investigation of innovation and technology in banking. *Recent trends in Management and Commerce, 4*(2). https://doi.org/10.46632/rmc/4/2/16.

Misischia, C. V., Poecze, F., & Strauss, C. (2022). Chatbots in customer service: Their relevance and impact on service quality. *Procedia Computer Science, 201,* 421–428. https://doi.org/10.1016/j.procs.2022.03.055.

MSCI. (2024). *GLOBAL INDUSTRY CLASSIFICATION STANDARD (GICS®) METHODOLOGY.* https://www.msci.com/index/methodology/latest/GICS.

Mullowney, M. W., Duncan, K. R., Elsayed, S. S., Garg, N., Van Der Hooft, J. J. J., Martin, N. I., Meijer, D., Terlouw, B. R., Biermann, F., Blin, K., Durairaj, J., Gorostiola González, M., Helfrich, E. J. N., Huber, F., Leopold-Messer, S., Rajan, K., De Rond, T., Van Santen, J. A., Sorokina, M., & Medema, M. H. (2023). Artificial intelligence for natural product drug discovery. *Nature Reviews Drug Discovery, 22*(11), 895–916. https://doi.org/10.1038/s41573-023-00774-7.

Nguyen-Duc, A., Cabrero-Daniel, B., Arora, C., Przybylek, A., Khanna, D., Herda, T., Rafiq, U., Melegati, J., Guerra, E., Kemell, K.-K., Saari, M., Zhang, Z., Le, H., Quan, T., & Abrahamsson, P. (2023). *Generative Artificial Intelligence for Software Engineering—A Research Agenda.* https://doi.org/10.2139/ssrn.4622517.

Novo Nordisk. (2024). *Novo Nordisk Data Science & AI.* Novo Nordisk Data Science & AI. https://www.novonordisk.com/content/dam/nncorp/global/en/investors/irmaterial/cmd/2024/P10-Data-Science-and-AI.pdf.

Pfau, W., & Rimpp, P. (2021). AI-enhanced business models for digital entrepreneurship. In M. Soltanifar, M. Hughes, & L. Göcke (Hrsg.), *Digital Entrepreneurship* (S. 121–140). Springer International Publishing. https://doi.org/10.1007/978-3-030-53914-6_7.

Russell, S. J., Norvig, P., Chang, M., Devlin, J., Dragan, A., Forsyth, D., Goodfellow, I., Malik, J., Mansinghka, V., Pearl, J., & Wooldridge, M. J. (2022). *Artificial intelligence: A modern approach* (Fourth edition, global edition). Pearson.

Schick, S. (2023). *What Is Predictive Maintenance*. Verizon Business. https://www.verizon.com/business/resources/articles/skyword/sw/what-is-predictive-maintenance/.

Sharma, R., Shishodia, A., Gunasekaran, A., Min, H., & Munim, Z. H. (2021). The role of artificial intelligence in supply chain management: Mapping the territory. *International Journal of Production Research, 60*(24), 7527–7550. https://doi.org/10.1080/00207543.2022.2029611.

Shekhar, A., Prabhat, P., Yandrapalli, V., Umar, S., Abdul, F., & Wakjira, W. D. (2023). Generative AI in supply chain management. *International Journal on Recent and Innovation Trends in Computing and Communication, 11*(9), 4179–4185. https://doi.org/10.17762/ijritcc.v11i9.9786.

Singh, C. B., & Ahmed, M. (2024). Revolutionizing digital marketing: The impact of artificial intelligence on personalized campaigns. *International Research Journal of Business and Social Science, 10*(1), 573–585. https://doi.org/10.5281/ZENODO.10895033.

Srividya, N., & Akila, B. (2023). Factors influencing consumer brand switching behavior in telecommunication industry: An empirical study. *International Journal For Multidisciplinary Research, 5*(1), 1321. https://doi.org/10.36948/ijfmr.2023.v05i01.1321.

Statista Research Department. (2024). *KI in der deutschen Gesellschaft*. Statista. https://de.statista.com/themen/9434/ki-in-der-deutschen-gesellschaft/.

Triepels, R., Daniels, H., & Berndsen, R. (2021). Monitoring liquidity management of banks with recurrent neural networks. *Computational Economics, 57*(1), 89–112. https://doi.org/10.1007/s10614-020-10067-5.

United Nations (Hrsg.). (2008). *International Standard industrial classification of all economic activities (ISIC)* (Rev. 4). United Nations.

Voulodimos, A., Doulamis, N., Doulamis, A., & Protopapadakis, E. (2018). Deep learning for computer vision: A brief review. *Computational Intelligence and Neuroscience, 2018*, 1–13. https://doi.org/10.1155/2018/7068349.

Welch, A. (2023). *Artificial intelligence is helping revolutionize healthcare as we know it*. Johnson & Johnson Innovation. https://www.jnj.com/innovation/artificial-intelligence-in-healthcare.

Zidan, K. (2020). Impact of liquidity management on the profitability of banks operate in palestine. *International Journal of Business and Social Science, 11*(1). https://doi.org/10.30845/ijbss.v11n1a2.

Zonta, T., Da Costa, C. A., Da Rosa Righi, R., De Lima, M. J., Da Trindade, E. S., & Li, G. P. (2020). Predictive maintenance in the industry 4.0: A systematic literature review. *Computers & Industrial Engineering, 150*, 106889. https://doi.org/10.1016/j.cie.2020.106889.

MIX
Papier aus verantwortungsvollen Quellen
Paper from responsible sources
FSC® C105338

If you have any concerns about our products,
you can contact us on
ProductSafety@springernature.com

In case Publisher is established outside the EU,
the EU authorized representative is:
**Springer Nature Customer Service Center GmbH
Europaplatz 3, 69115 Heidelberg, Germany**

Printed by Libri Plureos GmbH
in Hamburg, Germany